给校长的建议

郑杰 著

SUGGESTIONS FOR PRINCIPALS

修订版

中国人民大学出版社
· 北京 ·

目录

Contents

第一条

为当好校长找到良好的理由（代序）

我一直想写一整套提“建议”的书，给教师，给学校中层管理者，也给校长。我从 2006 年开始从事教育培训与咨询工作，走过很多中小学校，倾听过许多校长和教师的诉说，给他们提出了一些建议。在一个个陌生的地方，我遇到一群群需要帮助的人，我希望这些建议能帮到他们。

十多年来，我颇受人们欢迎，是因为我在给出建议时一如既往的真诚，我告诉他们，也许照我的建议去做最终没有什么效果，可我一定是认真的。我总要站在对方的角度认真思考问题，调动自己的知识和经验储备为对方排忧解难，努力不辜负他们的期望。我认为自己正在从事着一项十分重要的工作，为此备感骄傲。

给学校工作中的不同角色提出书面建议，是一项富有挑战性的工作。十多年来，我已出版《给教师的一百条新建议》（修订版）《学校的秘密》《忠告中层——给学校中层管理者的 47 封信》《首席教师》和《给校长的建议》（2010 年版）等。其中难度最大的无疑就是给校长们提建议了，那是因为校长们的生存状态很不理想，而以我原有的知识和经验却很难回应他们的困惑与问题，这促使我努力地去做更有效的思考。2010 年，教育科学出版社出版了我的《给校长的建议》一书，这本书虽获得一些好评，但我还是不太满意，尤其是一些建议在今天看来未必有足够的说服力。更何况这七年来，教育形势发生了极大变化，而校长们的手脚似乎被捆得更紧了，他们显然需要更坚实的理由和更全面的能力才能坚守他们的信念与岗位。这触发了我修订这本书的念头。

我认为现在当校长比我们那个年代当校长需要更多理由。我之所以认为校长们的处境不佳，主要是因为他们虽然是一校之长，是“法人代表”，可他们的权力是不充分的，他们被要求承担更大的责任，却大多无权决定学校的人、财、物等资源的配置，也很难决定学校的重大事务。

从理论上说，在校长负责制下，校长的权力是法律规定的，也是不可侵犯和剥夺的，但事实并不如此简单。在我的《从校长到幕僚——学校发展咨询手记》一书中，我曾写道：“我国政治体制改革相对滞后于其他事业的发展，这势必导致教育中的一些问题。教育与政治是两个社会子系统，从理论上说，教育与政治是各自独立的，它们各有其独特的价值和功能，各自内在规律不尽相同，虽不至于井水不犯河水、老死不相往来，但保持相互依存、相互影响的关系，有时甚至发生冲突和争斗，这都是健康的表现。而在我国，教育一向缺乏独立性……”在这种情况下，校长被赋予的权力是极其有限的。当然也会有例外，校长本人较高的资质和知名度会使其产生较大的个人影响力，而校长的个人影响力显然是上级部门赋权的一个依据，那些享誉全国的知名校长会被赋予更大的权限。一些校长的威望高，权力稳固，而另一些校长则显得势单力薄，后者显然是占绝大多数的。

我非常理解校长们的处境。要管理好一所学校，校长们应手中有权，如果权力不充分，学校成了各个权力部门的婢女，校长成了上级的传声筒，学校就会不好办，校长就会不那么好当。与十多年前相比，今天的校长，要越来越接受一个现实：无论你想做什么新事，想在专业领域内做出什么改变，可能马上就会有一些力量来阻挠你、消解你；你越是试图改变，来自各方面的阻力可能就会越大，而你头破血流的时候，甚至搞不清楚打你的是谁。

校长的权力为外部和内部两方面的力量所制约。

一些上级领导喜欢揽权，喜欢发号施令，喜欢直接指挥，而你肯定得罪不起；在一个教育整体上挨骂的时代，你不能得罪那些蛮不讲理的家长；在一个学术腐败相当严重的年代里，你不能得罪所谓的专家；在一个言论平台有限的年代里，你不能得罪媒体。

在学校内部，一些人习惯性地怀疑，怀疑你的一切动机是出自个人私利，是为了在你自己脸上贴金。你也不能得罪教师，越是“刁民”你就越不可以得罪。你身边的人会常常提醒你：“校长啊，这年头，别折腾大家了，何必那么辛苦！”

每天，只要踏进校门，你可能就会陷入困境，你心中的宏伟理想渐渐地消逝，你不知道到底是什么力量在消磨你的信心、勇气和志向。

你会发现自己才是最需要被拯救的人，发现自己原来可以如此平庸和低俗：你可以对着上司做出谄媚的笑脸，对着你厌恶的而又奈何不了的下属做出谄媚的笑脸，对着社区里蛮不讲理的大妈做出谄媚的笑脸，对着“胡闹”的家长做出谄媚的笑脸。

有时候，校长只能将自己的委屈安放在内心深处，没有人会在意和倾听你的诉说。你的领导不会听，他们可能会冷冷地抛下一句话来打发你：“我比你难多了！”你的下属不会听，他们可能认为你校长当得美滋滋的，他们才不会听你诉说委屈。如果你的事业心强，想要有所改变，他们也许会将你当成他们一切苦难的根源，随着公权力的“公信力”整体下降，即使你根本不是个什么官，可你也随之毫无悬念地不被人信任。

真的，你不必在人前诉说苦难，否则你会被认为太矫情和虚假；真的，没有多少人会把你这个校长当回事的。你要学会保护自己，在复杂局面下应对一切可能的挫败，甚至不幸。

校长们——这群微不足道的普通人是无法改变时局的。我们确实无法改变这一切，人改变自身尚且如此艰难，更何况去改变世界。我们能做的，似乎只有去承受了。

可是，仅仅是承受，又太消极。我认为积极的做法应该是，校长在自己的权力受到严重制约的情况下，设法稳固有限的权力。只要有一点点儿空间，就要去做“扩权”的努力。如果我能帮到依然执着于校长岗位并梦想着能有所作为的校长们的忙的话，我认为没有比帮助他们“扩权”更有意义的了，而他们实际上未受过这方面的培训和指导。于是，我将这本书定位于帮助校长掌权的书，以弥补他们受训经验之不足。

据我的观察，校长的权力大小存在一定的差异，这种隐性的差异直接影响到了他们的作为。

总结下来，以下因素可能与校长的权力大小有关：与个人资历相关，校长个人资历厚实，则威权大，反之则小；与个人的成长背景相关，那些在本校“土生土长”的校长可能处在不利地位，从其他单位“空降”来的校长则较为有利；在教师的平均年龄小、女教师占绝大多数的学校，校长的权力可能大些，反之则小些；与年龄相关，如果校长的年龄低于本校教职员工平均年龄，尤其是低于领导班子其他成员的年龄，则年龄越小权力可能越小；与前任校长的去留相关，如果前任校长退休后留在本校从事顾问工作，或校长转任书记之职，则校长权力可能受制约；书记、校长“双肩挑”的权力较大，反之则较小；如果你本人还兼任教育局的职位，或任职人大、政协，则权力大些。

除此以外，你的权力大小显然还与你的能力高度相关。一些校长个人能力不够，或存在明显的性格缺陷，则权力一定会被自己削弱。

所以，我在书中要和校长们探讨如何才能胜任校长工作、如何才能牢牢掌控和扩充你的权力。我只想成为校长们的朋友。作为十多年前离开校长岗位的“前辈”，我对今天校长们的处境感同身受，我希望这本书是站在他们的角度为他们谋权力、谋幸福的。假如校长们首先能在更大程度上掌控权力，那么他们的处境也许会得到些许改善。

最后，在你打算读这本书之前，你必须为继续当校长找到自己的理由，而且是一些“大理由”。

以下这些只是“小理由”：当上了校长，虽不能光宗耀祖，毕竟至少对养育自己的父母有所交代；毕竟在人前，校长略显人模人样些；毕竟，人都有权力欲，即使到退休时与别人一样两手空空，可在位时还是能在一定程度上影响到若干人的命运；毕竟，当校长时间长了，在业务方面的武功几乎全废，简直不知该如何谋食；等等。

这些“小理由”丝毫不能帮助你解除困境。如果你心中的那些“小”念头堆积得很多，你便开始不自由，你从此就会过上谨小慎微的“小日子”。而在这“小日子”里，你将渐渐消灭自己，让自己终于躺下去，成为一个乏味的“标本”。

你从此再也站不起来，你曾经伟岸的身躯变得猥琐、不堪入目；你再也不能深呼吸了，你休想施展自己的个性和才华，你的人格和良知也将荡然无存。在一些需要你，也只有你能去理直气壮地面对的时候，你彻底地为难了；在需要你，也只有你能去干预和痛斥某些教师的不当行为的时候，你为难了；在需要你，也只有你能去申述和驳斥某些不公正的政策与决策时，你为难了；在需要你，也只有你能知晓并揭露内幕的时候，你又为难了。

我担心你，以及所有读到我这本书的校长们，当你面对司空见惯的一切，一切龌龊、虚伪、功利、矫饰不再感觉为难，你两手一摊低眉顺目、归于平静甚至同流合污的时候，你可能成了一个麻木的人。这时，你的悲哀就不仅仅是你个人的悲哀了！你成了这个世界的又一个残酷的推手。

所以，我给校长们的第一条建议就是：“为当好校长找到良好的理由。”我们只有找到“大理由”才能承受“苦难”，而所有的“大理由”都不是任何别的什么人的理由，更不是什么大人物给你的理由，所有理由都是要由你自己寻找得来的。

当你拥有了“大理由”时，你就会变得勇敢。在一些为难的事面前，你需要拿出勇气来说“不”，这样你才能脱离苦难。是什么虢夺了你的勇气？是你心里面的那个隐藏着的“小”。消灭了那些小小的欲念之后，你会发现自己是如此的坚强。

你需要培植自己的能力来对这个世界说“不”，你说“不”的能力来自你的经验、学识和良知，正是经验、学识和良知让你赢得更广泛的尊重。更重要的是，学识和良知总能创造需要，创造出大众对你的需要。如果你是一座灯塔，那黑暗中一座始终孤独而坚强地屹立着、闪着光的灯塔，当你照亮了人们的心灵时，你完全有资格说“不”！

你完全不必为说“不”而说“不”，你是为真理而说“不”的，因为你是理性的。你更不必如我那般地选择离开校长岗位，因为离开和坚守需要同样的勇气，你是为着眷恋而说“不”的，无论深陷其中还是毅然出走，都代表着眷恋。我深深地怀疑那些永远说“是”的人，他们真爱教育吗？

读到这里，请合上书细细打量一下自己，然后回答这样一个怎么也绕不过去的问题：“我为继续当校长找到‘大理由’了吗？”

如果没有，那么“学校难办、校长难当”之痛将不断地吞噬你的灵魂，让你得不到安宁；如果找到了良好的“大理由”，那么你可以接着读第二、第三、第四条建议。

你会发现，我的这些建议是专为勇敢者、理性者和对教育充满真正眷恋的人写的。

你准备好了吗，我的朋友？

第二条

增强自己的个人影响力

即使你遇到了一个最好的时期，一个做教育最好的时期，要想当好校长，也需要你具备十足的能力，更何况现在还远不是这样的时期。

仔细考察一下历史我们就会发现，没有一个时期堪称完美，教育的黄金时期可能未曾有过。有人念念不忘民国时代的教育，可是那个时代真的如我们所想象的那么美好？

我认为，假定有这样一个无比美好的时代，那么这个时代应具备以下几个特点：(1) 政治清明，国泰民安；(2) 经济发达，教育投入充足；(3) 社会稳定，人们崇尚教育；(4) 文化繁荣，绵绵不断，未曾割断或被糟蹋；(5) 教育独立，其独特规律性受到足够尊重。可是，翻遍历史，都不曾有过这么好的时代。因此，好时代与好环境可能只是一个“必要的乌托邦”。

不过，话说回来，要是真有如此完美的历史环境和外部条件，校长作为一个“教育家”的独特价值可能也就无法显现了，对那些天才人物来说，对环境条件的不满更有可能激发起他们强烈的责任感和使命感，对一个民族及其未来有担当的人才有可能成为教育家。你可以看到，一代又一代杰出的教育家，其实他们生前都展露出与周围环境抗争的一面，教育家其实就是在极端不利的环境中升华了他们的教育家精神的。我们常常会怀念逝去了的教育家，可与其说是在怀念他们，还不如说是在寻找精神同伴，与总是不那么美妙的世俗世界展开斗争的精神同伴。

在你为继续当校长找到了良好的“大理由”之后，在你具备了当校长的勇气之后，你须借着不那么美妙的客观环境来捶打自己、磨砺自己，须将周围的不如意努力转化为内心的力量。身处这么一个时代，这可能正是上天赐予校长的一个机会，一个成就自己，更通过成就自己来造福他人的机会。

不过，一个想有所作为的校长未必就得剑拔弩张。在我看来，一个战斗中的校长不必与现实割断脐带，无论你用什么姿态战斗，无论你用绝不妥协的姿态，还是用以柔克刚的韧劲，只要战斗，就会成就那个本色的自己。

这里我所说的成就自己和有所作为，并非通俗意义上的成为一个名校长，或者成为一个万众瞩目的什么大人物。成就自己就是成全自己，使自己圆满并时时被自己感动。我甚至认为，一个人能常常被自己的美好感动，可能就是在成全自己了。

有一项能力与你的办学成就有关，还与你的职业生涯的美好感受有关，换句话说，如果具备了这项关键性能力，你的个人成长与学校发展将高度融合。这项关键性能力就是影响力。

一个具备影响力的人，他总是看似轻轻松松的样子，你永远见不到他慷慨激昂、声泪俱下的表演，他只需保持本色，自然而生动地出现在大家面前。一个极具影响力的人，不必大费周章，可能只是不经意的三言两语就能改变别人的想法，这大概就是我们平常所说的“说一句顶一万句”。

什么是影响力？你要改变别人、说服别人或者让别人的行为随着其思想的改变而改变，就需要“说一句顶一万句”的能力，这就是影响力。

为什么有些人能轻易改变他人而有些人却不能？那是因为那些能改变他人的人，总能用一种他人乐于接受的方式与人互动交往，或者索性改变了人们接受的方式。当校长的人，要是具备了这种能力，自我感受一定是非常不错的。

校长的工作决定了你必须影响他人，你必须让人们努力工作以达成学校目标。可是，一开始，人们的目标未必与你的目标一致。在有的情况下，教师的目标是“工资最大化，休闲也最大化”，而管理者的目标肯定与之不一致。如果管理者和被管理者的目标高度一致的话，何须管理呢？

事实上，学校中有相当多的事务都不是教师愿意承担的，比如课程改革，比如绩效工资改革，比如撰写科研论文，比如上公开课，比如中午休息的时候要管理小学生吃饭，比如要与家长没完没了地沟通。一个致力于领导教育变革的校长，尤其要依靠其个人影响力，那是因为人们不会轻易被改变。作为改革的领导者，你如果不能影响他人反而被他人影响，改革便无法成功。因此，一个强有力的校长应能显示出一种努力支配与统帅他人的心理和行为倾向，否则你就很难获得对一所学校真正的领导权和掌控权。

一般而言，有两种影响他人的办法，一种是强制性的，一种是非强制性的。

首先是强制性地影响他人的办法。有的校长建立了一种信念，认为：“我是校长，我可以要求他们，他们必须服从。”这样的校长会倾向于武断。这种武断的作风是否有效还取决于下属们的信念，如果大家普遍认为，当领导的就应该是这样的，那么强制性的影响力会在学校变革中发挥积极的作用。有些人似乎比较欣赏那些独断专行的领导，也确实有些人喜欢被独断专行的领导者领导，他们喜欢“被做主”的感觉，强迫性、不可抗拒和毋庸置疑的语言与动作确实能征服不少人。据我观察，国内有些校长，多多少少有点儿盛气凌人的架势，他们多半喜欢替人做主。可以想象，当人们在他们面前唯命是从的时候，他们一定获得了良好的“错觉”，以为自己是个神。

可是，在正常情况下，如此强势甚至“作威作福”的风格，对人的心理和行为的激励是有限的。要知道，表面的顺从并不是真正的服从，人们敢怒而不敢言，就一定会有消极反抗的行为发生，比如阳奉阴违、消极怠工。因为学校工作往往很难量化和被直接观察，消极反抗的行为具有一定的隐蔽性，所以害处极大。

对校长来说，强制性的影响力所带来的美好感觉只是一种幻觉。哪一天，那些不可一世的领导者终于退休赋闲在家，在湖边散步或偶尔去学校逛逛时，遇见以前的同事、下属，他们往往会感受到冷漠的眼神，会有种芒刺在背的感觉。幻觉消失之后的清冷和寂寞伴随着退休生活，这样的生活将会有一丝丝的凄苦，这大约就是所谓的“报应”吧。随着时代的进步，校长的强制性影响力已经是穷途末路了。

我赞赏那些靠非强制性力量来对他人产生影响力的领导者。对那些飞扬跋扈的“长官”，一些有才干、有志气的人会扭头就走，我惹不起但还躲得起。人们欣赏那些靠职务权力以外的影响力来实行领导的领导们。其实，那些靠非强制性力量而取胜的校长才真正是令人尊敬的，与他们一起共事，下属们虽然被领导，却心甘情愿。那是因为，人们总是愿意欣赏和膜拜个人魅力。个人魅力是一幅奇妙的风景，人们愿意靠近它，愿意受它的感召，人们信赖它，臣服于它。

我相信，如果你是个有魅力的校长，你在履行职责的时候是格外有影响力的：你在布置和检查工作的时候是迷人的，你在阐述观点的时候是迷人的，你在处理危机和解决问题的时候是迷人的，人们不由自主地被你专注的眼神所吸引，你的语音语调、你的神情举止无不令人神往，你的美德、睿智、才华和风采，简直就是艺术品。

其实，人们因为打心眼里认同你这个人，才信你的“道”；人们愿意奉你为他们的领袖，他们为有你这样的校长而感到庆幸和骄傲；他们愿意让你成为学校的标志，他们知道，有你在，学校就有希望，有你在，学校和学校中的每个人都获得了荣耀。

我在想，一个人达到了什么样的修为，才会获得如此神秘的力量。如果我还有机会任校长的话，我愿意一万次祈求老天赋予我这种力量，我需要这种力量以带给学校所有人这种美好的感受。

我的校长朋友们，如果老天还没有眷顾你，还没有赋予你力量，那么就让我们一起来学习和探究，到底该如何靠自己修炼，才能由内而外地透出夺目的光彩来！

第三条

成为一个光彩照人的公众人物

领导者是公众人物。作为学校领导者，校长也是公众人物。

在学生面前，你是个公众人物。在学生心目中，校长是个了不起的“大人物”。越是年龄小的孩子，越是对校长充满敬意和遐想。在他们看来，国家领导人可能都不及校长伟岸，因为校长是管老师的人！他们有多么敬重他们的老师，就会加倍地敬重校长。你绝不能低估自己在孩子们心中的高大形象！每个学生拿到的那张毕业证上写有你的名字，他们遇到老同学时，都会回忆起当初的校长是谁；提起校长，他们自然就会想到学校操场主席台上的那个身影。

在教师面前，你是个公众人物。在教师心目中，你是他们的上司。你是上级任命的，你不仅是你自己，你还是上级主管部门派到学校的代表。你再怎么平易近人、体恤民意，再怎么与教职员工同甘共苦，人们也会对你另眼相看，使你很难真正成为他们中的一员。无论如何，他们都会认识到你与他们是不同的，你的一举一动会成为他们关注的焦点，你一举一动背后的动机他们会刻意揣摩。饭后茶余，你是他们谈论的对象，或者是谩骂的对象，或者是讥讽的对象。他们很少会在闲来无事时夸奖你，但不夸奖你并不代表你不重要，谩骂或者讥讽都代表你的存在和重要性。

在家长面前，你是公众人物。你，也只有你有权代表学校发布最正式的消息，最有资格解读学校的政策，即使由别人发布消息和解读政策，也需要得到你的授权。家长们若有事与学校交涉首先想到的就是见校长，他们都清楚地知道你才代表着学校，别人说了是不算的。家长们往往是通过认识你才认识这所学校的，他们对你的感受深深地影响他们对学校的感受，他们对学校的信任往往是因为对你抱有信任。

在学校以外的公众面前，你当然就是公众人物。与社区居民有了冲突，只有你才能最终平息矛盾，你是“一言九鼎”的人；媒体来找麻烦了，你代表学校一方，发布最确切的消息，你的态度代表学校的态度。

你是公众人物，也许最考验你的不是你的“正确”，而是你的风采。一个有魅力的领导者是一个有风采的人，而能不能光彩照人，首先取决于你是否学会了扮演你的角色。你是校长，你要有强烈的作为一个堂堂的校长的角色感，角色错位总是让人惊讶，而公众的惊讶无疑会使你的魅力打折。什么是得体？得体大概就是满足各方对你的心理预期。

作为领导者，校长简直就是一个演员。一个成功的演员一定能将自己的人格完全融入角色中，而且他的表演不能破坏人们心目中的那个固有形象。孔子和周润发完全是两个不同的人，由周润发来演孔子，周润发非得先把自己当成孔子不可，他要努力向观众呈现导演和演员心中的孔子，同时也要努力去揣摩观众心目中的那个孔子。他的表演可以让观众耳目一新，却不可以让人们惊讶。或者说，真正了不起的演员不是在演自己，而是在演观众心中的那个人。演林黛玉的陈晓旭把自己当成了林黛玉，在导演的帮助下，她的形象和气质、举手投足都要像人们心中的那个林黛玉，虽然在塑造人物时她可以有些许突破、些许创新，可是绝不能让人惊讶，否则，不仅会毁坏一个角色，更可能毁坏一部电影。

从当校长的第一天起，你就要扮演好人们心目中的这个形象。为此，你要揣摩校长的角色：特定的内在要求以及人们对这个角色的期待。你要成为一个伟大的演员，你的伟大之处在于你演得很像，在像的基础上还有新意。你一定要设法令人耳目一新，可是你绝不能让人感到唐突和诧异。

在传统观念中，人们会认为校长就是个官。在学校里，你是政府的代理人，你是政治的代言人。你受命于教育局或者当地政府，是因为你获得了他们的信任，经过组织的考察，你在政治上“过硬”了才能得到任命。作为一个官，你要对授权给你的人和组织负责，坚决地贯彻上级的精神和指令。虽然在整个教育系统里你只是一个微不足道的小官，可是在学校里你却是最大的官。你有权要求学校里那些比你更小的“小官”们对你负责，对学校负责。你还要提防着别人弄权，因为作为一个官，你自己手中的权力是不可以被人随意使用的，除非你觉得有必要授权。

在传统观念中，人们认为你是个官，你不必也不能改变这一点。你大声向世人宣称你不是官，可能会让人觉得你太矫情了。在中国，校长客观上就是一个官，你身上带着行政级别，你要把这个角色演好。但是，你不可以拘泥于一般意义上的“官”，为使你的“表演”更具风采，你得在做官的时候有点儿新意，就如周润发演孔子那样有点儿新意。

怎么才算有新意呢？我认为，对上，你可以比一般的官头上多些“反角”，你不必对上司时时言听计从，事事唯唯诺诺。在那些大是大非面前，在那些涉及学校前途命运的大决策的关头，你要毅然“抗争”，或捍卫真理，或捍卫学校尊严。显然，这会让你成为一个令下属们仰慕的领导，人们喜欢有性格的校长。没有人喜欢平淡无奇的人，教师也是。

对下，你可以比一般模式的官多些新意，你不要像有些官那样煞有介事、自命不凡。平时你不可以太高调和太刻板，你要显示你亲民的一面，你的言行举止要比别的官生动些。在场面尴尬时你可以开一开无伤大雅的小玩笑，在感人处你可以流泪，在兴奋处你可以哈哈大笑，在伤心处你会悲痛欲绝，你的真情可以偶尔流露一下。你可以不经意间显示出可爱的一面，你的那些小缺点、小癖好之类的也完全可以自然地暴露。

你也不要像有些官那样太独断专行，你可以开明些。开明表现在许多方面，比如，你能主动认错，你常常听取别人的意见，你很谦虚，你完全不必不懂装懂，在听到好建议时，你像一个普通人那样恍然大悟，然后你可以高调地纠正自己的过错。

反正你不要太正儿八经，把自己搞成一个圣人的样子，似乎你天生就是领导，就是不食人间烟火的一方神圣，那样只会引来下属们的反感。因为这种形象不符合人们对一个校长的心理预期，他们会以挑你的毛病为乐。

在传统观念中，人们认为校长应该是个格外优秀的教师。你不仅要懂教学、懂德育，还要懂财务、懂法律，人们认为校长就应该是个复合型人才，就应该什么都懂。在学校的所有业务中，人们最期待的校长尤其应该懂教学方面的业务。可是，你做不到事事精通，即使在教学业务方面，你也基本只懂你所任教的学科方面的业务。如果你是语文特级教师，你就几乎不可能同时是个数学专家，而很可能你根本听不懂英语课，或者你根本不识五线谱。所以，在教学业务方面，你要充分展现你在本学科方面的权威性，可是千万不要对其他学科指手画脚，四处卖弄，那只会暴露你的短处，让你显得很可笑。

我认为，在教学业务方面，你比较有新意而不使人惊讶的是，你还很精通体育、历史或者艺术等学科的知识，你要设法获得自己在体育教学、历史教学或者艺术教学领域内的话语权。在平时的教学研讨活动中，如果你时不时地引用体育、历史或者艺术（音乐、美术）中的一些知识和教学现象作为例子，那会增强你在教学业务方面的专业性，也会显示你很博学、很有情调、很生活化的一面。

在传统观念中，人们认为校长应该是个管理者。校长应该是个管理方面的专家，人们对学校的秩序充满期待，一个失败的校长是一个无法使学校恢复秩序的校长，也就是说，使学校井井有条是校长的第一大责任。此外，你显示出的比较有新意的一面应该是，你不仅能管理，而且能经营。换句话讲，你不仅在校内可以把一切都“搞定”，在校外你同样可以纵横捭阖、呼风唤雨、游刃有余。你总能争取到一些特殊的政策而使学校和教师受益。比如，你能在学校刚完成大修之后争取到进一步高标准建设的机会；比如，你能搞到的高级职称名额比别的学校多，而你们学校送报的高级职称命中率远高于其他学校；比如，你总能争取到格外丰富的资源，那些大领导到了你们地区视察，他们走访你们学校而不是别的学校；比如，当地报纸大量报道你们学校而不是那些可能比你们努力的学校；比如，你们学校先于别的学校教师人手一台手提电脑，你们的教室里都装了现代化多媒体设备。以上这些“比如”，都不是一个“‘独’在小楼成一统”的管理型校长可以做到的。教师们期待中的校长是个“老实人”，而你一定要设法超出他们的预期，而最能让他们自豪的是，你同时是个“聪明人”，是个社会活动家，是个能为学校获取更大利益的经营者。

在传统观念中，人们认为校长是个官，是教学业务方面的权威，是个严谨的管理者，可你不能这么简单地为自己定位。你需要设法扮演好这些角色，可是千万不能拘泥于这些刻板的角色，你要做出新意。

你在扮演校长角色时要有所突破，这样才会增长你的魅力：你是官，可是你可以为了一些大的原则不惜顶撞上司，你可以充分展示自己开明和包容的一面；你是业务能手，可你不会卖弄你的权威，在体育、历史和艺术等领域内却要充分展示才华；你是管理者，可是你对外却要成为社会活动家。

一个富有魅力的校长，有时候要出点儿“格”，但不能“出位”，太出格和太过分都会让你的下属们过于惊讶而导致你的失败，起码你首先必须像一个校长。一旦你出格和过分到一味顶撞上级而弄丢了“乌纱帽”，那你就只是个莽汉，哪有魅力可言？一旦你出格和过分到不仅很开明，而且简直放弃了自己的原则和主张，你就只是个懦夫。一旦出格和过分到只精通体育、历史和艺术，对“旁门左道”津津乐道，却对主学科（考试学科）一问三不知，那你难免会被认为是浮夸的校长。一旦你热衷社会活动，学校管理却荒废殆尽、杂草丛生，你就会被认为只是个不务正业的“混混”了。

那么，你的角色感如何才能拿捏得恰如其分呢？

第四条

回到常识才能应对自如

校长是一个非常特别的社会角色，要出色地扮演这个角色是需要花费不少功夫的。我甚至认为，一个人要是能当好校长，那么其他领导和管理岗位基本上都难不倒他了。校长工作的难度主要在于，既需要知识作为支撑，需要足够的管理和教育方面的知识，更需要非常丰富的实战经验，校长需要积累大量的经验，这样他才能在纷繁复杂的现实情境中掌握“平衡”之道。在这方面，书本上的那些管理理论几乎是无用的，校长的管理工作需要科学，但是一个好校长的成功靠的却是艺术。

那些没有在学校待过，没有在学校管理岗位上干过的人，即使掌握了一大堆理论，即使满腹经纶，即使可以振振有词地给校长们讲课，可他们一定是无法胜任校长工作的。那些理论上完全可以做和必须做的事，是不是真的可以做和必须做？对此我深表怀疑。一个好校长，是一个对环境有着超凡的感知能力的人，尤其要对本地的人情世故有着深切的体会。在更多的情况下，我们不是在理论指导下去行动的，指引我们前进方向的可能只是直觉。

很多时候是直觉让校长做出正确的判断。什么是直觉？直觉是基于你的阅历、知识和本能的一种思维形式。在很大程度上，我们是靠直觉在管理和平衡一所学校的。学校的具体问题大多需要校长迅捷而准确地做出反应。如果校长对突然出现在面前的新事物、新现象、新问题及其关系不能迅速识别、敏锐而深入洞察，并从本质上理解和做出整体判断，他会非常失败。

在日常工作中，如果校长的理论水平很高可直觉能力低下，他常常会判断失误，而判断失误是很可怕的事。那些自以为是的和认死理的校长，他们越是照着书本上的理论和上级文件的条款发号施令，就越容易成为学校里的孤家寡人，成为令教师耻笑的不可理喻的人，不可理喻的人其实就是缺乏常识的人。比如说，你要是相信传统的师德教育有效，那就是缺乏常识，甚至你认为以前的师德教育曾经有效，你都是一个缺乏常识的人，真正有效的师德教育是什么以及怎么做，恐怕不是照理论上和文件上的要求办就可以的。任何对人性把握的错误，都会导致工作失效，传统师德教育的失效就是因为对人性的认识存在偏差。

学校的正常运行是由常识来指导的，比如，那些普通的人情世故就属于常识，人情世故是学校里人与人交往和一起做事的常识。究竟横亘在某些夸夸其谈却不着边际的理论家面前的障碍是什么？我认为无非就是人情世故方面的常识。那些书呆子们关在书斋里一辈子也无法理解的人情世故，在中国式学校里，却演绎得如此微妙和精到！

什么是人情世故？人情世故是我们日常生活中积累的约定俗成的行为规则，这些行为规则很少出现在教科书上，多半直接来源于日常的人际交往过程，尤其来源于人际交往中的冲突。人情世故是多少年来人们交往中挫败和教训的总和。

一个懂得人情世故的人，显然能够对人或事做出正确的和符合常识的判断。一个懂得人情世故的人，能有效地降低与别人相处时的紧张度，让“政令”更为畅通。一个懂得人情世故的人，在交往时总能让其他人感到愉悦，于是，人们更愿意服从他、追随他。

说到这里，你可能要批评我太庸俗了，人情世故是多么俗套的一个词！可是，我不那么认为。既然你当了校长，就算是入了“俗界”的人，你每天都在与各色人等打交道，你哪里能够免俗？当校长的人，就该食人间烟火。

在我的字典里，“人情世故”不是一个贬义词，“处世圆滑”“八面玲珑”之类的另几个词才是贬义词，为我所不齿。巴尔扎克曾说，世界上没有原则，只有世故，没有法律，只有时势，高明的人同世故跟时事打成一片，任意支配。一向疾恶如仇的鲁迅先生也说，人世间真是难处的地方，说一个人不通世故，固然不是好话，但说他“深于世故”也不是好话。

我认为，一些成为常识的人情世故是校长们必须学会的。

比如，出席宴会就非常需要懂得人情世故。出席别人设的宴，在上桌的时候你是否尊重主人的安排，你是不是傻乎乎地“率先入席”了？你是不是赴别人的宴会却不停地埋怨食物不可口？你是不是因为自己不喝酒，就连茶也不敬一口了？如果你这么做了，那你就不是那么谙于人情世故了。如果轮到你设宴，你请别人来赴宴，你能不能主动点菜呢？你点菜前是否会询问大家的喜好呢？如果你觉得点菜很麻烦，那你平时是不是已研究过当地的饭店和饭店的菜单，已积累起足够的点菜经验？当你对客人们说“我不懂吃什么”的时候，你还希望赢得大家的尊重？

比如，夸奖他人时也要懂得人情世故。你要尽量当众夸奖你的同事和下属，甚至同事和下属的孩子你也要关注、夸奖；即使那个人是你的领导，你也要适时地夸奖他的长处。每个人都需要赞美，你不要吝啬对周围人的赞美之词。你可以当众夸奖其他人，却又不能当众赞美领导，否则你就是不懂人情世故。

比如，你不能评论你的前任，尤其不可以给你的前任以“恶评”。在你当众汇报学校成绩的时候，绝不可以为了突出自己的功劳而诋毁你的前任，否则你就是不谙世故。当你的下属在评论你的前任时，你不能鼓励他们这么做，最好你能找个借口离开了事，否则你就是不懂人情世故。不单是对前任领导，即使是对下属，平时也不要议论他们的人格、个性、个人生活习惯与家庭教养，否则即使你说得都对，也会被人忌恨。

比如，你和你的下属刚好在一间办公室，他们正好有客人来访，你要表示出热情，并主动倒水，这会让同事们感觉很有面子，也会让客人觉得你的下属在学校很有威望。

比如，上级安排工作检查，即使仅仅是检查图书馆工作，你也不能借故说自己忙而置之不理，你哪怕只露一下脸都是对下属极大的鼓舞。

比如，你在进入课堂随堂听课前要记得与授课教师打个招呼，这样你才能让人感觉安全，这样做你会更是个正人君子。平时，你巡视教学楼，进入教师的办公室前不要忘记敲门。你想与哪个教师交谈工作，最好预约一下。你务必不要随意动别人的电脑，也不可随便翻看别人的笔记本，包括你有权查阅的教师备课本和听课本。

比如，虽然你早知道该怎么做，你还是要特意询问一下你的相关下属，即使在你看来他在这方面完全不如你。你带着一个普通教师去一个陌生的地方开会和学习，也请务必主动把他们介绍给别人，而不要让他们感到孤单和冷场。

比如，你要常常带着“职业微笑”。在我看来，任何与人打交道的职业都需要微笑，即使法官也需要微笑。越是新来的教师，越是在学校地位不高的人，哪怕他是外聘的清洁工，见到他们时，请你向他们微笑。那些内向的、平时不被人注意的，甚至有点儿自卑的教职员工，即使你不那么喜欢他们，也请你由衷地报以“职业微笑”。

比如，批评一项工作没有做好时，你最好能提出解决方案。在批评一名教师时，即使他的错误很严重，你也不要忘记肯定他的长处。如果你在批评他人时能多些幽默感，你的善意就会凸显出来，而负面效果往往就会少些。

比如，尽量先为别人做点儿什么，而不是要别人先为自己做事。你必须使人“负你”，而不是你“负人”，这样，你才能在与人交往时赢得“债权”。你必须知道，一个人的社会地位是别人对他负有的社会债务感的总和。

比如，在与人谈话时，你不要老是举出你家里的例子，向别人展示自己的地位、祖宗、子女、家里的财产，这会让你显得很不自信。

我不再“比如”下去了，只要我们高度重视这些常识和细节，我们就会用真正的行动去改变自身，从而改变周围的氛围，舒适的环境更适合工作和生活。如果不把人情世故当一回事，不愿意投入精力去时时关注那些细节，久而久之，你可能就会成为一个不受欢迎的人。有时候我们自己也会狐疑：为什么在工作中总有磕磕绊绊？虽然什么都做对了，可为什么身边的人都不那么心悦诚服？这时，你就该好好反省自己在人情世故上是否花足了心思。

《红楼梦》里有一副对联："世事洞明皆学问，人情练达即文章。"意思是把人情世故弄懂就是学问，有一套应付本领也是文章。世间人情，无论友情、亲情还是同事之情，都要好好去经营。因此，所谓的"人情世故"便是一种重要的智慧。一旦拥有了这种智慧，你就会有一种良好的生活态度，正是好的态度决定了你的工作方法和工作习惯，并最终将智慧融入你的生活，构成你生活的重要部分。

千万不要轻易排斥人情世故，千万不要以为人情世故是一种负担。我非常同意心理学家威廉·舒茨的观点，他说，要过成功快乐的人生，就要懂得过现实的生活。

因为你懂得人情世故，你在精神生活上也就更能享有爱和情谊。反之，你不通人性，不给别人回旋的机会，这样只会把学校人际关系弄得无比僵化，只会让人与人之间充满着敌对情绪，到头来那些纷扰痛苦都将落在你的身上。

可是，如果你缺乏对他人和环境的觉察能力，你不能洞悉别人的立场、顾忌和心理，你就永远也无法学会人情世故，那如何洞察他人的内心呢？

第五条

知人知面又知心

看错了人，这是管理者所有判断失误中风险最大的一种。看错人，进而用错人，为此蒙受损失、懊恼不已的例子在现实生活中实在不少见，“看走眼”有时候甚至导致校长职业生涯的最大失败。尤其是有的人你先前非常看好，你对他寄予很大的期望，给予格外的关照，你倾注了心血一心一意栽培他，在他的成长过程中给予他机会，可后来背叛你的恰恰是他，他诋毁你，出卖你，令你追悔莫及。不能从一堆人中把真正的人才准确地挑选出来，这一定是一件十分悲哀的事。

俗话说：“知人知面不知心。”这是说我们真的要对人做出准确的识别，准确识人很重要，但是对道德和个性方面进行识别，有时候是有困难的。因此，即使认识到了准确识人的重要性，可我们还会常常看走眼。识别人是一项重要的管理技能，可惜在我们成长为校长的过程中，很少有人给予我们这方面的忠告，差不多我们都是在一次又一次的失败中学会什么是正确的。我有时候在想，要是有教育方面的专家、教授给校长们专题传授“知人知面知心”的知识和学问那该多好啊！只可惜似乎专家、教授们也很难研究它们并给出定论，又或许是不屑于研究吧。

因此，一个校长能成为识人方面的高手，一定是“自学成才”的。所谓“自学成才”主要有两种方式，要么道听途说，要么在一次又一次的受伤中学会。

国内和国外的一些传统经验告诉我们，通过看面相能识别人，那看一个人的“面相”能不能帮助我们准确地判断对方的为人呢？

所谓的“看面相”就是一种透过观看一个人的“面部特征”来论命

的方法。其原理似乎也不复杂，我们都知道“相由心生”的道理，主要就是说一个人的个性、心思与为人善恶，可以从他的面部特征看出来。比如，个性良善的人，通常是有看起来善良的面相的；心地凶恶的人，通常具有比较凶恶的面相。通过面相识别人的方法在我国有着悠久的传统，还发展出一些比较成熟的面相分析工具。虽然相面被现代人看作“封建迷信”，不可全信，但我们应该接受其合理性的一面。

不仅中国人，西方人对面相也有着浓厚的研究兴趣。瑞士哲学家、神学家约翰·卡斯帕·拉瓦特在他的《面相》一书中坚定地认为，人的外表与性格有其相似性，他甚至认为外在的面貌是由人的品性决定的。他在《大众》一书中，谈论了众多面相与品格的关系，大家可以参阅一下。

前些天，和一个酷爱传统文化的朋友聊天。他说，单位里有两种人难以管理：一种是“鼻大面小”的人，那是些自以为是的人，他们自以为了不起，所以俗话说“鼻大不听使唤”；还有一种是“眉毛前浓后淡”的人，这种人往往脾气暴躁，个性反复无常，“软硬不吃”，你根本没有办法治他们。听他说完这段话，我迫不及待地跑回家狠狠地照了一通镜子，因为我就是那种“鼻大面小”的人，虽不是“眉毛前浓后淡”，难道当初我的领导管不住我是因为我的面相？照过镜子后，我又狠狠地回忆了一下我当校长时那几个“软硬不吃”的“家伙”的面相，觉得他说得并不准确，有以偏概全之嫌。

既然看面相未必准确，能否通过看一个人的表情来判定他的品格呢？比如，学校要引进一名教师，能否根据照片上所显示的神情下判断呢？也就是说，我们能否根据照片里的微笑来判断某人是否善良呢？显然不行，因为，几乎每个人在照相前都要做一番准备，而且总要“笑一下”。面对镜头，连儿童都有“笑一下”的条件反射，更何况成年人。人们希望拥有一个固定的、最美好的形象，所以会习惯性地“笑一下”。常识告诉我们，照片中的微笑是不可信的，照片中的美丽更是不足信。你不能把照片上那个满脸堆笑的人看作个乐天派；同样，你也不能因为照片里那个人胡子拉碴就认定他不注重外表和不拘小节。

不能凭照片上的神采做出判断，那让某人坐在你面前与你谈话，根据他谈话时身体的动作、手势以及最重要的脸部表情，你能否做出准确判断呢？答案是否定的。研究表明，在你向一个陌生人问好之前，交好之心或厌恶之感已经有80%固定下来了。比如说，男女之间的一见钟情总是在双方开口之前就已发生。“一见钟情”是识别人的最经济的办法，可最经济的办法也一定是风险最大的，那些一见钟情者多半以分手告终。

短暂交谈不能为你准确识别人提供足够的有效信息，那延长交往时间是否更好些？答案也是否定的。你也不可能在短短的几小时内根据坐在你对面的人的动作、手势和脸部表情去判断一个人的品质。据国外学者的研究，在70万种人体语言中，光表情语就有25万种，其中使用最广泛、最富表现力的是目光和微笑，可是我们实在猜不透对面那个人此刻的目光和微笑的含义。据研究，人的眉毛有20多种表情，可是眉毛的这些动作到底承载了哪些信息？这实在是令人费解的事。

有人说，那些与你见了面一下子就说话流畅、应答如流的人，要比那些犹豫不决、吞吞吐吐的人更值得信任。是这样的吗？我看未必。之所以人们会认为前者更值得信赖，那是因为人们通常会认为，说话快的人一定具备较强的理解力和较高的智力水平，而且他们的用语显得更深思熟虑。其实这个结论是错误的，那些沉默寡言的人可能比油嘴滑舌的人更聪明，也更善于思考。比如说，爱因斯坦的口头表达能力不太强，并不表示他不会思考问题，也不代表他不值得信赖。

看面相、看照片、面对面谈话，这些通过直觉来把握的方法都存在一定的风险，那有没有完全科学的、理性的方法来帮助我们认识一个人呢？答案是“没有”。科学还不能解决这个令每一个领导者头疼的问题，所以，至今我们还是要靠自己的直觉和无意识来识人，虽然我们明知这么做是有风险的。

我当校长时，每年一批批应聘者在我眼前接受面试，我与他们每个人都交谈好长时间，试图把真正的人才识别出来，可结果并不尽如人意。现在回想起来，那六年里，经我挑选过的教师中，至少有四分之一是不太令人满意的，这让我感觉非常遗憾。可是，这对增强一个人的识人能力是有帮助的，只有多次遭遇失误，人的直觉经验才会得以发展，对他人的认识能力才可能得到提升。那些可以称为识人专家的，应该都是阅人无数的吧！

从以下识人的错误中，我们将学会什么是正确的。

错误一：将有限的、个别的、零散的信息作为评价他人的基础。在对一个人的个性品质、道德水准、行为方式等进行评价前你应该做更全面的考察。比如，我们不能根据某人戴着眼镜这一局部的信息就认为这是一个勤奋好学的人，即使一些勤奋过度的人确实近视。再比如，我们不能因为某人眼角带有明显的皱纹，就认定对方富有幽默感，轻易下结论说对方是友好的或者是无忧无虑的；对那些与我一样额头高高的人，我不由自主地把他们看成有智慧的、值得信任的人，这也是错误的；对那些留着长发甚至背后还梳着小辫的男教师，我不由自主地认为他们是放荡不羁和自由散漫的，这也是不应该的。

错误二：与上面所说的“以偏概全”正好相反，我们常常将群体的共性用于衡量个体。比如，我们往往错误地认为胖男人总是平易近人的，老妇人应该是心肠慈善的，而律师一定是口齿伶俐的，等等。再比如，我们往往误以为德国人总是工作勤奋、头脑聪明和技术精湛的，我们常常将上海人看作精明过头、自私自利、胆小怕事的人；当年来我校应聘的教师有不少来自东北，可他们并不是个个豪爽豁达的，为此我误判了许多人。

错误三：干扰因素未加排除，这可能影响我们对人的认识。比如，某人给我的第一印象很好，这一印象就会持续下去，那是因为印象中的第一个特性会产生深刻的影响，最初得到的信息会对人的评判起着决定性的作用；与第一印象相反的则是我们往往根据对方最近所做的事情对其进行评价，因为最后获得的成功总是让人记忆深刻。所以，下属在即将评聘职称或者提干时刻意地表现自己，显然容易误导我们。

除了以上我罗列的三个错误之外，还有一些干扰因素其实也很难排除。比如说，我很容易被一些人头上的光环所迷惑，有些来我校应聘的教师之前当过教导处主任，是劳动模范，是硕士、博士，或被评为特级教师，这些“光辉的形象”往往会迷倒我，使我轻易就做出判断，优先录用他们，可事实证明他们未必有我想象中的那么优秀。一些迷人的光环使我们对事物本身失去了兴趣，有时候我们感兴趣的也只是笼罩在其表面的光辉。在这个闪闪发亮的世界里，表面形式所起的作用越来越大，甚至大于实质。

既然我们做不到借助科学和理性的方式来对人的品行做出正确的判断，唯一的办法就是靠经验。经验来自你的感觉，你要打开你的全部感官去感受一个人。什么时候你对人的判断会趋于准确呢？那得等到研究一下面相的学问，等到你阅人无数和吃了不少“看走眼”的苦头之后。

有一条学习方面的规律是“愚者更愚，智者更智”，类似心理学里的“马太效应”，那些社会地位高的人和受教育程度高的人，那些本来就有知识的人，通过传媒变得更有知识，更有能力，更有社会地位。基于这条原理，我进而认为，因为你当了校长，所以你有更多的机会去辨别不同的人，你会有更多机会看错人和用错人，你在这方面积累的教训越多，你下次犯错的概率就越低。

总之，只要你用心，你将会成为知人善任的行家里手。而认清你的下属和员工后，你便可以放心地坐在主席台上对他们讲话了。

第六条

成为一个优秀的演讲家

校长的一些权力是有形的，而另外一些则是无形的。我认为，那些有形的权力如对“人、财、物和信息”等资源的支配权并不是校长最大的权力，而那些无形的权力比如话语权却是能产生极大影响力的，尤其是在其他资源严重匮乏的时候，话语权是校长的一项核心权力。

什么是话语权？话语权并不是你坐在主席台上手握着话筒就会天然拥有的，话语权主要是看你的话语对听者是否有说服力。怎么才能有说服力呢？我认为，如果一个校长能拿出一整套解释性框架，而这套框架可以很好地说明以下三个问题，这时校长的话语是最有说服力的。这三个问题是：我们为什么要发展学校以及发展学校给大家带来的益处是什么？如何才能获得快速的和可持续的发展？我们应该如何行动才能获得这样的发展？一个校长只有拿出有说服力的解释性框架，并在任职期间始终保持这一框架的一致性和一贯性，在这所学校里他才能获得最大的话语权。

我认为，校长在拥有话语权方面比学校中的任何人更具优势。那是因为校长，也只有校长可以未经请示就上台面对所有教职员工说话，任何其他人未经你的授权是绝不可以造次的。这就是说，在台上向全体教职员工发布言论是校长的一项垄断性的权力。除非校长授权或者弃权，否则这项权力就牢牢地把握在校长手中。校长正是通过这项权力来推动学校的几乎全部工作的。如果校长拿不出一套解释性框架，则其权威性就会受损。

要是校长的办学思想已经很成熟，却在表达方面有所欠缺，这也是一个很大的缺憾。领导者不具备在公众面前从容演讲的才华，是说不过去的，尤其是在教育界，大家都是吃“开口饭”的，教师们对校长的口头表达提出了更高的要求，“能说会道”是现代校长的一项不可或缺的基本功。

一些礼仪性的讲演，会考验你是不是能说会道。以下是校长经常要发表的礼仪性讲演，以及你可以使用的一些方法：

1. 引见性讲演。比如某位专家或领导到你学校，为全体教师作报告，作为校长，你要作一个引见性的讲演。这个讲演是即兴的，其目的是把一个陌生人介绍给大家。一个能说会道的校长很善于利用这个环节让教师们对即将开始的这场报告充满期待，不仅如此，这段引见性讲演还能很好地调动讲演者的情绪，消除讲演者与听者之间的陌生感。有一次，我在内蒙古的一所学校作讲演，主持人的引见词非常不得体，他竟然当着我的面，大声地训斥听众，严词警告所有人安静听讲，做好笔记，注意环境卫生，不能随意走动，等等。这么一段开场白，严重破坏了会场的氛围，干扰了我和听众的情绪，实在很不妥当。还有一次，在山东的一个会场，主持人在开场时把我大大地吹捧了一番，言语间把我“塑造”成当代最了不得的教育家，那些言过其实、过于热情的言论只会引起听众的反感，也让我在台上如坐针毡，很不自在。所以，作引见性讲演时你应该掌握好分寸。

2. 授奖讲演。学校常常会安排对学生或教师的表彰、庆功活动，越是重要的场合，校长越是要出场并发表讲话。庆功和授奖的场合一般都会比较隆重而热烈，此时，校长要充分调动自己的情绪，成为这个环境中重要的一部分。你应兴冲冲地走上台，大声地向所有人表达自己心中的喜悦，你要抓住这样的机会好好地鼓舞一下士气，提振大家的信心。可是，有些校长可能没有理解这个环境的特殊意义，却抓住这个机会去达成另外的目标，比如用这个时间来部署下阶段的工作，或者趁此机会给教师和学生们训训话，或者口若悬河地大谈特谈自己的办学设想，我认为这么做是很不合时宜的。

3. 欢迎讲演。当有重要的客人来访时，校长要代表学校致欢迎辞。比如国外的某个友好学校的师生来你们学校，校长当仁不让地要去致欢迎辞。这时，你应真诚而礼貌地向来宾们表达自己愉快的心情，还可以热情洋溢地回顾一下与友好学校之间的往来，可以讲讲双方的合作、友谊或共同的理想、良好愿望，你可以谈及该团体给你留下的美好印象，表达出自己的良好祝愿。

4. 致悼词。没有人喜欢出席追悼会，更不愿意在追悼会上致悼词，但在学校重要人物或他们的直系亲属的葬礼上，你可能要作为校方代表致悼词。致悼词时，你使用的语言应该是诚挚和朴实无华的，你既要深沉而有情感地表达对逝者的悲哀、怀念之情，又要保持理智，不放纵情感，你绝不可以带头痛哭，悲痛欲绝。

礼仪性的讲演不仅对你个人很重要，而且对你所代表的学校也很重要。你的气质风度和谈吐会涉及你们学校的形象，你应抓住这种机会，让教职员工为拥有你这样一个富有才华的校长感到骄傲。

以上我谈到的讲演都是礼节性的，在平时的工作中，你会发表更多的讲演，我们把这些讲演称为工作性讲演。工作性讲演，按功能来分，大致有以下一些。

1. “使人知”的讲演。这类讲演的主要功能是传递信息。例如，开学初，你要部署学期工作重点，就要向教职员工传达一些与工作相关的信息。再如，绩效工资改革方案经教代会通过后，你要向教师介绍新方案。

2. “使人信”的讲演。这类讲演的主要功能是转变人们的看法。我认为，这是校长最重要的工作性讲演。当年我当校长时，几乎每次教职员工大会，我都要向教师们传递新思想和新观念。每次讲演前我都要做很多准备，甚至像备课一样把讲演目的、目标、步骤、方法等内容写下来。

3.“使人动”的讲演。这类讲演的主要功能是号召人们采取积极的行动。在学校完成重大任务、实现重大目标之前，我们要对教师和学生进行动员。动员的目的是影响听者的举止，让他们去积极地做某件事或停止做某件事。好的“动员令”总是慷慨激昂的、令人“蠢蠢欲动”的。

4.“使人激”的讲演。这类讲演的主要功能是打动人心。这也是难度最大的一种工作性讲演。这类讲演的目的不是影响听者的思想、信念，而是更强烈、更深刻、更动人地再现听者已经具有的思想、观点、感情、愿望、信念，使教师的思想、感情得到进一步升华，让教师受到鼓舞和激励。可以说，“使人激”的讲演是讲演技艺的顶峰，如林肯的葛底斯堡演说、恩格斯在马克思墓前的讲话、丘吉尔首相的就职演说等，都是彪炳史册的经典。校长在学期结束的最后一次典礼活动中，应尽量进行这种讲演。

5.“使人乐”的讲演。这类讲演的主要功能是让人愉悦。有些时候，制造欢乐的气氛对提升一个团队的士气十分重要。比如，在参加“三八”妇女节、新年联欢会和学校年会等活动时，校长的演讲要幽默风趣，以活跃现场气氛，融洽关系。

校长应根据工作性讲演的目的和功能，来决定讲演的具体方式方法。在一个“使人知”的讲演中，如果你放纵感情，慷慨激昂，听者即使不把你当成一个疯子，也多少会以为你似乎别有用心。如果在“使人激”的演讲中，掺进“使人乐”的内容，会损害主题的严肃性，也就难以收到鼓舞和激励教师的效果。

我们这辈子会听到无数次讲演，要学习和欣赏好的讲演，揣摩和研习其中的美妙之处，也可以把糟糕的讲演当作一面镜子，尽量避免重复别人已经犯过的错误。

自从当了校长，我有很多机会坐在台下听大大小小的领导们讲话，说实话大多数领导的讲话实在是乏善可陈，我想他们可能是怕犯错，于是甘于平庸，要知道越是精彩的、令人印象深刻的讲演就越有可能犯错。可是这种平庸的讲演实在使人昏昏欲睡，在听众席上你简直度日如年。我一向认为，那些糟糕的讲演是对听众的“侮辱”，演讲者根本没有资格要求听众们遵守会场纪律，无数次停下讲话来教训听众的领导是无能的领导。作为听众，我们其实一直在掂量台上的那些领导们的水平。领导的工作能力和水平的高下，只要听一下他的讲话，你就基本可以下结论了。

某领导在台上讲演，长篇大论，空洞无物，漫无边际，不知所云，我们听了老半天没听出他的观点，我们心里会评价他水平不高。

某领导的讲演，开头拉拉扯扯，中间重点不明，结尾草草收场，我们会评价他准备不足，漫不经心。

某领导讲话总是含含糊糊，校长们给他写了一首打油诗，讽刺他“大概或者也许是，不过我们不敢说，可是大家总以为，然而恐怕不见得”，你对这样的领导主政能抱有信心？

一幕歌舞表演的标准时间一般是 12 分钟，如果时间拖得太长，只会引起观众的审美疲劳，使人觉得乏味。而某领导一上台就信口开河、滔滔不绝，他的讲演在审美方面比歌舞表演差远了，可他偏偏喜欢长篇大论，常常拖长会议时间，过了中午十二点半会议还未结束，饥肠辘辘的你在台下如坐针毡，这样的领导怎么可能得到大家的好评呢？

某领导永远只在台上念秘书事先拟定的稿子，还常常发生断句的错误，你永远听不到他的真情实感，他的语言从来不会让我们一起感受人间的冷暖和喜怒哀乐，他从来不能抓住听众的注意力，你心中怎么不会升起鄙视之情？

作为听众，我们不能接受如此糟糕的讲演，那么换成我们自己坐在台上讲演，为什么就不能好好讲话呢？为什么就不能用我们精彩的讲演赢得大家的尊敬呢？

我是一个以四处讲演为生的人，我非常羡慕那些“能说会道”的讲演者，对美好的讲演，我的心中充满敬意。在此我总结出几条心得，与大家共享。

一是要多听音乐，从音乐中获取灵感和艺术滋养。音乐是表达的艺术，讲演也是表达的艺术。在语言的表现力上，讲演是富有音乐性的文学艺术中的骄子，与音乐一样也是“能引起激动的艺术”。一首音乐作品的思想内容与艺术美是通过高度凝练的音乐语言和极富逻辑结构的旋律表达出来的。经过音乐的熏陶，讲演者才能使讲演在听觉上充满魅力。戏剧表演理论家斯坦尼斯拉夫斯基说：“语言即音乐。在舞台上讲话，这种困难并不亚于歌唱艺术，要有很好的修养和高超的技术。”此言得之。

二是要读些哲学著作。好的讲演必须揭示生活哲理，你的讲演不能只是就事论事，而要试图揭示事物和现象背后的本质，并把它提炼为有益于教师生命成长的道理，而且要使这些道理贯穿于整个讲演。那些备受欢迎的讲演总是闪烁着理性的光芒，给所有的听者以深刻的启迪，使他们受到强烈的震撼。为此，值得花些时间学点儿哲学，虽然哲学离我们很远，可是它离校长们的职业魅力很近。

三是要有想法。讲演者要有想法和念头，要追求一些与别人不同的见地。讲演时，如果你所提炼的主题总是独辟蹊径，别具匠心，让人有耳目一新之感，那么教师们会期待你的讲演，而不是害怕开会。你要用自己的眼睛去看别人看不到的东西，用自己的头脑去想别人没想到或想得不够透彻的道理，努力用自己的嘴去讲别人没有讲透的话。

四是要把自己想象成一个“大人物”。你要自信，要相信自己在讲演时是如此的富有魅力，你的自信会让你在讲演中的每句话都成为“大人物”的话。你的自信是通过你的眼神和声音传递出来的，是你的自信在真正地征服所有的听众。

我认为，只要你平时多听音乐，看点儿哲学书，心中常常提炼出想法来，而后你很自信地面对听者，你就会成为一个合格的讲演者，并最终成为一个有风格的令人印象深刻的讲演者。

要在讲演实践中不断形成自己的风格。也许你是激昂型的，你的讲演有着强烈的表现力和巨大的感染力；也许你是严谨型的，你的讲演朴实无华，充满着逻辑的力量，闪耀着理性的光辉；也许你是活泼型的，你的讲演轻松、亲切、生动、幽默、灵活和多变；也许你是深沉型的，你的讲演恳切、凝重、深邃、含蓄和柔和。无论你的风格怎样，只要你用你的言语将你的思想和观点深深地植入教师们的内心，你就牢牢把住了你的话语权。这时，你就成了学校里不可或缺的真正的“大人物”。

活跃在当今教育舞台上的那些名校长，绝大多数都是有风格的讲演者，比如魏书生、李希贵、冯恩洪、刘京海，等等。他们的语言未必是标准的，甚至还带着浓重的乡音，他们当中没有一个人说标准的普通话，可是每一个都风格鲜明。

那如何才能尽快地形成自己的风格呢?

第七条

发展出独特的个人风格

如果想成为“圣人”，那就要追求完美，“十全十美”可能是一个普通人永远达不到的境界，但这并不妨碍人们去追求这种境界。可是，对一个领导者来说，为十全十美而奋斗，却可能导致严重的问题。在我看来，一个富有个性魅力的领导者（校长）恰恰要保留一些小缺点才对，这样才显示出你的真实性，而真实是个人魅力的魂魄。

我认为，人不必太在意自己的缺点和缺陷，你把身上所有的短处都改掉，一是不可能，二是没必要。首先是不可能，人无完人，关于这一点我就不论证了。其实，在真小人和伪君子之间选择的话，我是倾向于前者的。在道德压力特别严酷的时代，伪君子就会更多一些，因为道德压力下，人们会为安全考虑而拼命掩饰自己，力图以光鲜的一面示人，但本性难移，结果很多人变得虚伪而面目可憎。我认为没有比伪君子式的领导更让“人民群众”恶心的了，那些“既要做婊子又要立牌坊”的领导，还能不让人恶心？我认为校长要注重自己的修为，同时要真情流露，做一个真实的人，只有这样你才可能富有个性的光泽。

领导者最大的能耐就是解决问题，至于别的方面的品质，只要不那么“缺德”，在人民群众的眼中其实并不重要。平时我们评价一个国家领导人，比如毛主席，我们敬仰他是因为他奇迹般地带领中国人民推翻了三座大山，而他的那些小缺点恰恰使他显得平易近人、可亲可爱。真正的领导者必须具备一种能力，一种能够处理被领导者不能果断处理的事情的能力，这才是校长应该追求的。在学校你如果能做到这一点，会被大家认为很了不起。你甘愿接受并顶住压力，以常人难以企及的智慧与勇气处理和化解一个又一个危机，你是人们心目中真正的英雄。只要你解决问题的能力得到人民群众的高度肯定和赞赏，那么你在行为处世方面将会获得比其他成员更大的自由，你的下属对你会比对别的领导更宽容。

假如，在你的领导下，学校获得了大发展，因为你的努力，学校的生存处境和学校生态得以改善，学校里，每个人都感觉更幸福和更有尊严，在这种良好的态势下，你的那些小缺点，比如睡个懒觉，喜欢在办公室里躲着吸烟之类的就根本算不了什么。反之，如果你在处理学校事务时非常无能，那么，即使你道德完美，人们也会非议你，你偶尔暴露出一点点儿小问题，都会有上百双眼睛盯着你，几十张嘴巴非议你。

你在学校行事的自由度与你解决问题的能力呈正相关。有时候，即使你是一个能力平常的校长，也要保留一点儿小缺点。那是因为，小缺点还能增加你的魅力。埃德温·P·霍兰德尔认为，对领导能力的信任及其世界观的肯定，能使人们接受领导者的某些怪癖。一种怪脾气、一种怪僻的行为、一种奇怪的念头，大家都能认可。

校长在穿着打扮和行为举止上所表现出的个性，以及在某些方面的与众不同，对下属来说有很大的意义与好处，他们甚至会为自己的领导具备某些怪癖而感到自豪，他们会对此津津乐道。历史上，那些杰出的领导人多多少少有些怪癖、古怪行为及怪念头，相反，那些怪癖缺失的领导人反而被认为是无能的。

研究表明，怪癖总是和天才相连的，拥有独特怪癖恰恰可能是远离平庸的表现。在《知识分子》一书中，作者保罗·约翰逊详尽描述了12位天才的怪癖。比如，卢梭忘恩负义，他的情人兼资助人华伦夫人穷困潦倒的时候，他一个子儿都不愿给她；赫尔曼不说谎不成话；易卜生无论在什么场合都一律穿得特别正式，他有一天散步的时候被一个姑娘当成了牧师，姑娘跪下亲吻他的手。

在中国，也有一些杰出人物有怪癖。比如，苏轼嗜食蜂蜜，连用餐时都拿菜蘸蜂蜜，他曾作《安州老人食蜜歌》：“东坡先生取人廉，几人相欢几人嫌；恰似饮茶甘苦杂，不如食蜜中边甜。”比如，郑板桥爱吃狗肉，他在扬州卖画，只要有人送他一碗狗肉，他就会回赠一幅小画。更奇特的是，金圣叹爱闻裹脚布，每天睡觉前，必把玩其夫人的三寸金莲，先闻其裹脚布，常赞裹脚布的气味有如臭豆腐的香味，越闻越舒畅，于是昏昏欲睡，渐入温柔梦乡，此可称为恶癖之极也。

人们往往愿意接受一个有才华的人的怪癖，大家将这些怪癖看作名人和领导者的标志性特征，认为那是他们自信的表现。所以，保留一些令人费解的小缺点对有才能的校长是有益的。不过，不能因为怪癖可以增长魅力指数而去刻意模仿别人的怪癖，或者当了领导以后自我设计一种怪癖。人们不会接受那些装模作样的小缺点，那些自然而然的怪癖未必使人反胃，而刻意的怪癖是信心不足的表现，简直让人恶心。

自己的小缺点能否被教职员工接受呢？只有在平时对自己进行形象管理，你才能做出正确的判断。这里我要介绍一个常用的术语——自我形象。自我形象又称为“镜中的自我”，是指你时时观察别人对你的形象的反应，并根据他人对自己的反应来了解自己的一切，从而加深对自己的认识。一个自我形象感强的人总是能敏锐地感受到别人对自己的感受。

作为领导者，你不得不进行自我形象设计，以使自己的形象更能被大家接受。

比如说你的服饰，它最为直观地表现你的自我形象，能体现人的情操与修养、性格与品德，还蕴含着丰富的寓意。比如，我平时很喜欢戴礼帽，很多人觉得我这样打扮是很自然的事，因为我的职业、个性、脸型和南方人的气质都适合戴礼帽，可换了你却未必适合。

再比如说发式，我本来就头发不多，后来基本就“秃”了，所以索性就剃干净，这样反而显得很有精神头。可是并不是所有人都适合剃光头的，一些男士可能更适合头发凌乱些，以显示其独特气质。所以，在显示自己的个性时一定要做自己，不要刻意模仿别人。

无论你是否如卢梭那样忘恩负义，如赫尔曼般说谎，如易卜生般奇装异服，如金圣叹那样抱着老婆的臭脚入眠，你都得先询问你自己：适合吗?

如果你是追求自然的人，平时你从不摆架子、很亲切，那你就穿着牛仔裤和休闲运动服上班吧；如果你感觉自己是个优雅的人，那你得穿套装去单位，套装最适合你；如果你觉得自己的职业很高尚，请你选用质料厚实的有质感的服装，而且头发要短些才好；如果你属于气质很浪漫的那种人，你的打扮切不可过于华丽，那会使你看上去很轻浮，稍不留意你就成了众矢之的；如果你是像主持人李咏那样的戏剧型的人，那你索性就像他一样穿着大胆和时尚吧。

你不仅要对着家里的镜子问自己，更要问别人，把别人的眼神当成家里的镜子。他人未必会告诉你真话，那你就要去感受，感受他人的眼神是否异样。

要成为一个有魅力的校长，寻找到那个真正的自己，是你的一门必修课。那个真正的“我”，才是你的领导风格。找到那个风格，你看上去会更从容、更淡定。

第八条

形成固定的领导风格

所谓风格一般是指相对固定的某种行为倾向。领导风格也就是某人做领导时相对固定的某种行为倾向。那么，校长该不该有自己的领导风格呢？回答是肯定的，而且校长的领导风格越固定越好。那是因为对校长本人来说，相对固定的风格能使你自己心绪安宁，你不必为随时切换风格而劳神。一个形成了领导风格的校长，他的行为方式已经基本确定，甚至变成了一种习惯，在一般情况下他只需按照习惯来行事即可。校长形成领导风格还有一个更大的好处，就是能使下属们对你的行为有所预判，从而增加他们工作中的安全感。总体而言，人们都偏爱稳定性强的人和事，不确定性总是让人焦躁不安。

在正常情况下，个体的风格与他的人格特质是一致的。钱钟书就认为，就所言之物，可以饰伪：巨奸为忧国语，热中人作冰雪文，是也。其言之格调，则往往流露本相：狷急之人作风，不能尽变为澄澹，豪迈之人笔性，不能尽变为谨严。但从根本上说，“风格就是人”，还是具有普遍意义的。我们一般总能从一个人的行事风格来识别一个人的人格。

正如文学艺术的风格千差万别一样，校长的领导风格也是多种多样的。刘勰曾把文学风格分为典雅、远奥、精约、显附、繁缛、壮丽、新奇、轻靡八类，也有学者把领导风格分为以下六类：强制型、权威型、合作型、民主型、方向制定型、教练型。我认为，在这六种领导风格中，目前最适合我国国情和教育现状的是权威型领导风格。有相关的调查佐证了我的观点，在各种领导风格中，权威型领导风格也许是最有效率的。那是因为权威型领导风格的个体往往是一个理想主义者，权威型校长会积极主动地设计一个新的方案，靠这个方案将他的教职员工带入一个新的长远规划中去。

权威型校长激励教职员工的一种重要方式就是让教职员工们充分了解整个学校发展的宏伟蓝图，并且清晰地知道自己的工作对整体蓝图的实现有多么重要。同时，权威型校长重视学校发展规划，偏好通过规划来明确教职员工个人的工作任务，而且因为有了明确的工作目标和任务，校长能对每个人的工作业绩及时给予反馈。权威型校长并不是独断专行的，他会完整地构想学校发展总目标，而给下属们足够的空间去设定他们的目标，权威型校长很尊重下属们的独立的想法，并给予他们创新、体验和冒一定风险的自由。

相比另外五种领导风格的校长，权威型校长显然更受教师欢迎，因为他们能满足教师一般的心理需求。人们心中在召唤一个“好领导”，所谓好领导，就是能拿定主意指明大方向，可是又不会事无巨细管头管脚的领导。一个真正强有力的领导一定是讲求大原则，却又给下属们施展空间和舞台的领导。说实话，在中国式的学校里，教职员工一般不太热衷于讨论诸如学校发展规划之类的“大政方针”，人们会在自己的福利待遇方面投入更多的关注。所以，能在学校里坚决地拿主意，而又能照顾到教职员工切身利益的领导，自然就是最受欢迎的好领导了。

虽然权威型领导颇受欢迎，但是也有例外。在一些学校里，如果教师的专业水平普遍很高，那么权威型校长可能会面临失败，因为专业水平高的教师往往更独立，他们认为自己有资格独立。在这样的学校里，民主型校长可能更受欢迎。因此，我们对教师成长可能带来的结果要有所预计，教师的专业成长与校长的权威很有可能构成了“此消彼长”的关系；相反，那些教师专业水平偏低的学校，可能更需要一言九鼎的校长。所以，从某种意义上说，不存在最好的领导风格，只有最适合的。这也可以解释为什么某校长在某校干不好，换一所学校却如鱼得水，显然后一所学校刚好与该校长的领导风格相匹配。

领导风格与学校环境之间的匹配性问题在国外的一些研究中得到了佐证。在领导风格研究领域里，勒温是赫赫有名的代表人物。据他的研究，民主型领导者所领导的群体，其工作质量与工作满意度更高。可另外一些研究结果却表明，民主型领导风格所带来的工作绩效可能比专制型领导风格所带来的工作绩效低，或者仅仅与专制型领导风格所产生的工作绩效相当。为此，批评者批评勒温的研究没有充分考虑到领导者实际所处的情境因素，因为领导者的行为是否有效不仅仅与其自身的领导风格有关，还受到被领导者和周边的环境因素影响。

我的观点与勒温的批评者是一致的，究竟什么样的领导风格最有效，必须看学校所处的环境和教师的特质。不过，在我所观察到的中国学校中，凡是获得比较大的成功的，一般都有一位权威型校长。那些民主型校长，往往很难驾驭学校的局势，至少从目前来看，高程度的民主管理只是个“乌托邦”。

以上我们形成的一个基本结论是，不存在某种绝对有效的领导风格，这就要求你根据学校环境、教师的特质和需求来切换自己的风格。因此，最佳的情况是教育局在任命校长时尽量考虑校长与环境的匹配程度，可是一般情况下教育局不会去这么做。这就要求校长自己去分析环境要素，随环境变化自动切换自己的领导风格。可是，这里出现了一个悖论，人能根据自己的意愿切换领导风格吗？可能比较难，因为领导风格是由自身的人格特质决定的，说得更精确些，你的人格特质可能对你的领导风格产生决定性的影响。

有学者对人格特质进行了研究，认为人格特质分为九种：

一是完美主义者。他们对自己和他人都有极高的要求，他们相信每件事总会对应着一种正确的方法。完美主义者有一种天生的优越感，认为自己在各个方面都比他人强。他们经常使用的词语是“应该”和“必须”。具有这种人格特质的人如果发展得好，很有可能成为非常睿智的精神偶像。

二是给予者。他们希望获得他人的好感和认同，希望自己对他人来说是不可或缺的，给予者能从给予中获得被爱和被欣赏的感觉。他们乐于满足他人的需要，他们乐于助人，富有同情心。

三是实干者。他们希望通过自己的行动和成就来获得他人的尊重，他们乐于接受竞争，追求成就感。具有这种人格特质的人很有可能成为有效的领导者、优秀的组织者和学校的领军人物。

四是悲情浪漫者。他们常常被不切实际的幻想所吸引，他们性格内向、忧伤、敏感，具有艺术气质，悲情浪漫者热衷于美的事物，全身心投入到充满激情的生活中。具有这种人格特质的人在生活中富有创造力，他们往往宁愿自己受苦，也要帮助他人。

五是观察者。他们总是在情感上与他人保持一定的距离，他们宁愿脱离集体，也不愿意参与人际互动。观察者会对自己的责任和他人的需要感到疲惫，他们不愿意接触其他人和事，也不愿意去体验感情生活。具有这种人格特质的人如果有机会，很有可能成为优秀的决策制定者、象牙塔里的学者或者自我约束的沉思者。

六是怀疑论者。他们用怀疑的目光看待一切，他们用思考代替行动，因为热衷于思考，他们往往在采取行动的时候犹豫不决，害怕受到攻击。怀疑论者会反对独裁，为此他们愿意做出自我牺牲，而且非常忠诚。具有这种人格特质的人往往会为了理想而工作。

七是享乐主义者。他们像孩子一样天真，他们对任何事都是一知半解，感情肤浅，爱好冒险。享乐主义者往往是乐天派，他们喜欢前呼后拥的感觉，做事常常半途而废。具有这种人格特质的人可以成为理论家，也可以成为多才多艺的人。

八是保护者。他们愿意保护自己的朋友，为朋友他们可以主动承担责任，迎接挑战。保护者很容易与别人发生面对面的冲突。具有这种人格特质的人可以成为出色的领导者，他们也可以成为他人强有力的支持者，愿意为朋友扫除前进道路上的一切障碍。

九是调停者。他们常常愿意放弃自己的观点，接受他人的想法。他们甚至会放弃真正的目的，去做一些没必要的琐事。调停者对他人的需求十分敏感，他们为人亲切，不会直接发脾气。具有这种人格特质的人很有可能成为优秀的顾问、谈判者，只要不偏离方向，他们就能取得好成绩。

其实，一个校长的领导风格很大程度上是由其人格特质所决定的。如果你是完美主义者、实干者、保护者，你会倾向于权威型甚至专制型领导风格；如果你是给予者、悲情浪漫者、调停者，你更有可能倾向于民主型甚至放任型领导风格。

你的人格特质甚至决定了你能否胜任校长工作。当好一个校长需要勇气、公正性、移情能力、判断力、热情、谦虚、想象力等方面的品质，这些其实是很难通过后天培养的。也就是说，有一些校长的失败是注定的。某些人格特质天然地不适合当校长，可是如果你已经当了校长，而你也没有其他退路，或者你的梦想就是当一个校长，那么你可能就得调整自己的人格特质了，只是要做出调整，会比较痛苦。

一个校长的成长，最大的一项任务就是完成从“自发到自觉”的过程。所谓“自发”是指天然的，不受外力影响而自然产生。你整个人都被客观必然的过程所支配，你根本不能预见其活动的后果。比如，你一开始的人格特质就是自发的。而所谓“自觉”是指你已经认识并掌握了客观规律时的一种活动。如果你对自己的领导风格和人格特质有所觉察和醒悟，你有改变人格特质从而切换领导风格的目的性，加之你有改变的动力、勇气、毅力和恒心，那么最终的改变还是可能的。

如果你非常珍视自己与生俱来的人格特质，不愿意为扮演好校长这一社会角色而做出改变，而且你热爱校长工作，不愿意调整工作岗位，那么另外一种办法就是调整你的领导班子，使领导班子的核心成员在领导风格上与你形成互补。假定你的班子成员，有人积极进取、充满梦想，有人富有远见、具有改革意识和动力，有人善于合作、极富个人魅力，有人做事坚持不懈，有人组织能力特别强，有人格外忠于传统价值、道德高尚，有人拥有创造性解决问题的能力，如果能靠着团队的力量，那就会万事大吉。

可是，目前看来，在大多数中小学校，校长都无权选择副手，那就不可能搭起这么完美的班子来。

所以还得靠你自己去设法掌控学校权力。至于如何才能更好地树立校长权威，请看我为你准备的下一条建议。

第九条

树立起个人权威

我有一个朋友，当年参加校长竞聘，以微弱的多数票勉强当选，如愿担任当地一所不错的学校的校长一职。到任之前，她为这所学校设计了美好的蓝图，她有极大的雄心，想把这所学校发展成名校。可是，渐渐地她发现，在工作中，来自各方的阻力很大，而其中相当多的阻力来自她的下属，甚至她的助手也给她设置重重障碍，为此她苦不堪言。

这名校长在上任之前就谋好了事，她完美地构想了学校未来的发展，可是，光谋事是不够的，她进了一个新单位，还得谋人。也就是说，她须先设法树立权威。

什么是权威？权威就是使人服从指令而无法辩驳的一种力量。如果你下达指令，几乎每个人都可以和你讨价还价，这说明你的权威很小，或者你还尚未真正树立权威，尽管你名义上已经是一把手。

校长们都是两手空空到学校任职的，手中也不会端着枪，凭什么教职员工就会顺从你听命于你呢？那是因为你让他们认识到，如果要获得安宁，想不受打扰地继续平安地生活和工作，就得完成你所布置的任务。也就是说，当人们依赖于你所带给他们的那种安宁时，你就获得了权威。权威最重要的方面就是这种“依赖感”。

一旦坐上校长的位子，你从一开始就必须树立权威。因为权威对一个校长来说实在太重要了，没有权威你几乎无法正常开展工作，更遑论推行某种改革了。从理论上说，树立权威是达成学校目标、解决棘手问题、评估教职员工的工作绩效、激励他人的一种最重要的途径。在中国的学校里，一个“老好人”式的被人骑在头上的懦弱的校长注定会一事无成。

那么，校长们该如何获取权威感呢？我想，只要你在某方面技能超群，你拥有超凡的个人魅力，你掌握着重要的信息，以及你与大权在握的人物之间保持着良好关系，那么你就可以为他人创造依赖，并影响他人，你就会拥有足够的权威。

在“技能”“魅力”“信息”“与大人物的关系”等四个权威的来源中，个人超凡的魅力极为重要。当人们时时提及你的行为并想模仿你的行为时，你就拥有了相当的影响力。拥有信息也很关键，当教职员工需要某些信息，而这些信息只有你才有权获得时，你就拥有了权威。此外，如果你的名字与某个权威联系在一起，这对你扩大权威是有利的，如果你出于尊严的考虑而不愿意巴结他人，那就是另外一回事了。

因此，在学校里，作为校长，你得清点一下你所控制的资源，尤其是那些十分稀缺的资源，正是这些资源让你的管理对象对你产生依赖感。为此，你要设法掌控好那些稀缺资源，比如说，公开赞美是每个人都需要的，而且是稀缺的；高级职称是稀缺的；重要的和关键性的管理岗位是稀缺的；手提电脑以及不少高端的设施设备是稀缺的；毕业班的教学岗位是稀缺的；弹性上班（自己决定上班时间）是稀缺的；不再担任班主任工作是稀缺的；等等。静下心来好好盘点一下，盘点那些稀缺资源，然后把持好这些资源的分配权，你将可能获得顺利开展工作和打开局面的权威。

有些资源你认为稀缺，可别人却不那么在乎，反之，你认为某些资源并不稀奇，可是有人会很在乎。了解这一点很重要，只有了解了这一点，你才可能不再“由己度人”，你才会放下身段来了解下属们的需求，并将此项工作作为日常的功课。往往在充分了解了之后，你会惊讶地发现，你对教职员工们在需要方面的预判，好多都与实际情况不同。比如，你家的孩子学习很好，考个重点高中完全没有问题，而有的教师的孩子成绩却很差，高中的录取通知书对他们来说就太稀缺了。再比如，你的写作水平很高，写一篇足以发表的论文简直是小菜一碟，而有些教师为了评聘职称，在发表文章的关口上已被卡了好些年了。所以，由己度人是会出现偏差的。

校长不仅要有很强的掌控稀缺资源的能力，而且要适当地从事“政治活动”。有时候，为了更好更快地完成上级布置的工作任务，或者为了推行学校的某项十分重要的变革，或者为了保护你自身或优秀教师的利益，你就很有必要从事一些所谓的“政治活动”。

我所说的“政治活动”是指，你要采取必要的行动来影响学校的力量对比和权力格局，你要设法打破原有的权力平衡，尽快地建立一种有利于你行使权力的新的平衡。

无论你愿意还是不愿意，从被任命为校长的那一刻起，你就要学会掌控局面，学校里要是没有人愿意听从你，那才是一场真正的噩梦。如果你在诸多重要的学校事务中根本没有指挥权，那么这所学校其实就是一个烂摊子，你就准备领受那无穷无尽的烦恼吧。你缺乏“政治能力”，在“政治上”幼稚，或者不能也不愿意有效地履行与权力相关的任务，那是最终造成你管理失败的根源。因此，我要强烈地建议你，必须采取必要的“政治手段”。

为确保你所采取的“政治手段”的有效性，你先要对自己在这所学校的处境进行全面的评估。

首先，你要评估一下，这所学校的干部和教师们一般会推崇什么，他们会接受什么样的行为，他们不接受甚至很反感哪些行为。你一定要充分了解这方面的情况。而要了解这方面的情况，最好的方式就是琢磨一下在这所学校里，到底是哪些人总得到好处，为什么他们会得到好处，他们的哪些行为让他们获得认可。你还要了解，那些人得到的好处到底是谁给的，谁有权认可他人的表现，以及谁有权施予他人好处。

其次，你要评估一下其他人的权力。你可以判定班子成员中谁最有能力否定和推翻你的决定，谁最有否定和推翻你的决定的冲动。同时，还要评估你的支持者，你要认清他们是谁，他们为什么会支持你。你要分析所有反对或支持你的人，分析他们反对或支持你的动机可能是什么。这里尤其要注意一些支持性的表态背后，可能存在着不良动机。

最后，你要评估一下自己权力的大小。这方面，可以与你的前任校长的权力做个比照，这是最好的方法。你可以逐项逐项地细细比照：(1) 分配工作岗位；(2) 批准工作计划；(3) 批准工作时间和会议时间；(4) 批准绩效工资；(5) 表扬和批评教师；等等。此外，你还可以比照一下你与前任校长在以下几个方面的差距：(1) 工作资历和能力；(2) 个人魅力；(3) 所掌控的稀缺资源；(4) 掌握多少信息；(5) 与教育主管部门及其他当权者的关系；等等。你务必一一盘点和比照。

在理性而审慎地做完这些分析和比照之后，你就可以审时度势地决定自己的工作方式和领导风格了。你会发现，掌握和巩固校长权力，树立你在学校中的权威性是你工作的重要组成部分，而且你还会发现你在树立权威的过程中获得了成长的机会，这样的机会不是每个人都有的。

当了校长你就不得不与权力为伍，不得不从事“政治活动”。那么，展开具体的“政治活动”需要哪些策略和能力呢？请参阅下一条建议。

第十条

稳固自己的领导地位

如果你到任一所学校，却发现离任的老校长每天出现在你身边，因为教育局党委安排他给你当顾问了，这会让你很不自在；或者发现你以前的上司现在是你的副手，你会很为难，到底谁听谁的；或者因为你被派去当校长了，原来的校长转任学校党组织的书记了，这个家你该怎么当呢？以上这些情况只是诸多微妙人事关系的一小部分，或者说只是冰山一角。有时，你发现自己工作开展得很不顺利，你感觉四处都有干扰和威压，而你又不能确定到底问题出在哪里，这就会考验你的政治智慧。

在比较复杂的学校环境中，如何有效地建立起领导班子新的力量平衡呢？我有以下建议供你参考。

第一，在任何时候、任何地点，对任何人，你绝不要述说你的委屈，更不要对任何人哪怕是你可靠的朋友强调你个人的得与失，因为抱怨只会使周围的人认为你这个人贪恋权力，太斤斤计较。你一定要让所有人认识到，你是为了一个大目标而来的，你的全部价值就在于为这所学校创造价值，为此什么问题都难不倒你，什么委屈你都是可以承受的。而且，你提出的目标越高远越好，比如，为了贯彻国家课程改革方案，为了实现真正的教育，为了下一代所必须负起的责任，等等。并且你自己要坚信这些大目标，带着满心的虔诚向所有人宣讲你的大目标。

第二，注意自己的形象，你的个人形象越正面越好。要保持自己的正面形象，以下是我给出的建议：(1) 成为遵守学校规章制度的模范，要求别人做到的自己一定要率先做到；(2) 多深入基层和一线，多听取教师们的意见；(3) 多与教师做个别交谈，通过交谈深入了解这所学校的历史文化；(4) 着装要非常得体和简朴，对自己的物质生活不要太讲究、太挑剔；(5) 要多与学校里的优秀分子交往，远离那些“落后分子”，至少你刚去的时候不要与他们交往；(6) 在与人谈话的时候尽量用标准的普通话和书面语，以显示自己的正统性。以上这些行为能很好地展示你的正面形象。

第三，展示你的独特能力，让自己成为学校里不可缺少的人。因为只有这样，你的个人价值才会更大，也才能让更多的人对你产生依赖感。比如说，超强的记忆力其实就是一种关键性能力，人们往往佩服记忆力强的领导者，大家普遍欣赏那些勤奋的人，而记忆被认为是一件需要非常勤奋才能做好的事。相比而言，人们倒不太欣赏那些想象力丰富的人，因为在传统观念中人们会认为想象力会使人好高骛远，不切实际。如果你的记忆力强，你不仅能记住人的名字，而且能记住数字，尤其是对学校里一些重要的数据特别敏感的话，你会赢得大家的拥戴。想象一下，在某个场合，你在不经意间随口报出那些重要数据、重要日期，那你就太了不起了！如果你偏偏记忆力不够强，那可能就要辛苦一下了，你要有意识地强化自己的“有意记忆”，多花些时间记背那些枯燥的数字、人的名字甚至教师孩子的名字，这对你非常必要。

第四，做别人做不了的事，这会让你迅速成为不可替代的人。学校里有一些工作虽然毫不起眼，可是偏偏很少有人能胜任。比如，小学里女教师多，如果教室或办公室里电线发生短路故障，你能轻而易举地排除，这就很了不起。那些多才多艺的校长，手中有绝活儿的校长，显然比各方面都平平的校长更有吸引力。

第五，拜高层人士为师，而且在学校里举行正式的仪式。这位高层人士无论是官员还是学者，都必须是学校教师普遍敬仰的。结识高层人士不仅是你的荣耀，也是全校教职员工的荣耀，这会让你增色不少，相信大家都会热烈拥护的。

第六，多与外界联络，将各路及各界的精英人士请来给教师讲课和交流。教师们会认为你有强有力的同盟，这样会增加他们对你开展工作的信任度。

第七，支持教育局的决策。你是教育局派下来当校长的，教育局不是你的敌人而是你的同盟。你要让所有人都知道教育局就是你的强大后盾，你并不孤单。为获得教育局的支持，你要努力找到机会为地区教育做贡献，这会提升你们学校在地区内的影响力，进而增强你的影响力。学校里如果有人（哪怕是你的班子成员）诋毁教育局或教育局领导，你要站出来主持一下公道，尽量引导大家做客观的评价，而绝不能与他们一起对教育局或教育局领导做非理性的诋毁。千万别忘记，教育局才是你真正的“后台”。

以上这些建议希望能帮助你在不利的境地里逐渐地站稳脚跟，而以下一些更具体的方法将帮助你在站稳脚跟之后更快地稳固你的领导地位。

一是运用逻辑而不是运用情感工作。虽然逻辑与情感都是重要的，可是相比较而言，逻辑比情感更长久地起作用，因而也更为可靠。人们总是希望可靠的人成为他们的领导，这会增强他们的安全感。平时你在讲话时，千万不要感情用事，感情用事会暴露你的软弱。你的表述要理性、合乎逻辑，你要尽可能使用事实和数据来进行陈述。你要相信，逻辑的力量甚至与道德的力量一样强大。

二是对所有人友善，千万不要制造敌人。人可以选择自己的配偶，可是无法选择自己的同事，要对周围的人保持宽容，要养成赞美他人的习惯，要谦逊地听取他人的意见，即使对一些不服从你的人也是如此。千万不要将你个人的好恶卷入工作中。只有获得更多的人的好感，你的权力才会得到巩固。这里我还想补充说明的是，你要赢得教职员工们的好感，这种好感绝不是同情和怜悯，因为你很强大，你不需要下属们的同情。

三是要与有能力的人团结在一起。与有能力的人为伍无疑能增强我们的权威感。平时，要多去发现那些能干的人的特点和特长，寻找他们的共同点，还要就他们特别能干的方面与他们交流，甚至主动向他们讨教。能力强的教师往往比较骄傲，甚至有些瞧不起人，赢得他们的信任最好的方式是与他们寻找共同点，而寻找共同点的最好的办法就是向对方讨教。只有学校里那些真正能干的教师们都聚集在你的周围，你才可能真正赢得更多的人的支持，因为那些能力一般的教师往往是会“搭便车”的。

四是在别人思路混乱、争论不休的时候迅速做出决断。当别人争执不下的时候，你要直接而有力地提出你的观点，因为这是一个难得的展示自己才能和权威的机会。不要担心你做的决断会使任何人的面子受损，在一团乱麻的时候，其实所有人都巴望着出现一个强有力的人来为大家解套。没有人喜欢没完没了的争执，你的判断终于可以让他们结束争论，这会使每个参与者欣赏你、感谢你。你要做到该出手时能出手，而要做到这一点，平时就要养成少说多看的习惯，凡是讨论工作，你先不要急于发表意见，越早发表意见就越被动。尤其是在你的领导地位尚不稳固的情况下，你的意见发表得越多越早，你就越容易被人当成靶子打，这会让你显得“很傻”“很天真”。

五是赏罚分明。赏罚分明，不仅是处理眼下的案例时应该遵守的原则，而且还要求与“先例”对照着看。在考虑赏罚决定时，要参照当事人之前受过的赏罚，以及之前同等情况下是如何赏罚的。作为校长，你手中握有一定的赏罚之权，你要努力成为赏罚方面的专家。在运用赏罚手段时，不要轻易做出许诺或威胁，因为许诺或威胁只是未加兑现的赏罚，这并不意味着领导权在握。许诺或威胁不当，一个可能的后果就是伤及你的信誉，并最终动摇你的权威。

六是在没有想好之前不要采取大的行动，有时最好的行动恰恰是没有什么行动。人们对校长的角色期望通常指向于勤政，但是勤政不必勤快。对涉及全校的综合性的改革项目，决策时要慎之又慎。因为一旦启动改革，就没有回头路了，如果规模较大的改革失败，校长是要承担责任的，而你所承担的最大的责任就是牺牲自己的权威性。如果思考还不成熟，或者条件不成熟，宁愿取保守的姿态。有时候，慢恰恰就是流畅，流畅就是快。

七是在你没有稳固的领导地位时不要去推动变革。人们普遍认为变革会使他们不安全和不确定，所以人们本能地抵制变革。迫不及待地推行变革有可能会使你一败涂地、一蹶不振。教育领域内的改革是系统性极强的一项工作，今天教育的局面绝非“一日之寒”，以个人英雄主义精神来搞改革，“必死无疑”。

学校“政治活动”有时是严酷的，保护好自己的“政治前途”是重要的。你的每个策略与方法都要考虑成本和收益的关系，要权衡采取某一行动可能要付出的代价，只有在预期的利益十分显著时，才允许忽略成本。

最后你要切记一句政治学名言：“权力在平衡的时候是有效的。而权力一旦被动用，平衡就会被破坏，人们就会诉诸那些用于修正权力不平衡的行为来反对运用权力的人。”

在物理世界中，我们知道作用力和反作用力，管理世界中也适用这一法则：每一种权力的使用必然会产生反作用。

因此，为避免“你可能会赢得一场战役，却输掉整个战争”的糟糕局面，请阅读我的下一条建议，那条建议与道德有关。

第十一条

控制职业风险，把住道德底线

校长最大的职业风险其实是道德方面的风险，这是教育这个行当决定的，这个行当有道德洁癖。人们可以接受企业界的大佬们花天酒地，却不能容忍一个校长有道德瑕疵。中国人较多地倾向于用道德做标准来评价人、判断人，道德上的失败可能会让你一辈子都无力翻身。因此，校长们要爱惜自己的每一根羽毛，要格外小心：在哪里倒下都可以，切不能倒在“失德”上。要紧紧盯住自己的道德路标，一刻也不能放松。

据我多年的亲身体验，一些中小学教师的素质不是很高，学校里往往有一些无聊之人，他们闲来无事偏爱搬弄是非并以此为乐。所以，有时候即使光明磊落，你也难免躺着中枪。那些闲人们喜欢从你的言谈举止中琢磨出点儿东西，他们偏好在你身上捕风捉影，偏好从你的蛛丝马迹间发挥他们的想象力。而那些同样无聊的听众和“看客”是绝不会大义凛然地站出来为你申辩的，他们习惯于宁可信其有不可信其无。

一个堂堂正正的领导者尚且难免被诋毁，更何况带着瑕疵的人！所以，有道德感的校长千万要有耐性，只要行得正，对那些流言蜚语大可不必耿耿于怀。受委屈和被误解是一个校长必须经历的考验，也是你为当校长必须付出的代价。

有的校长非常苦恼，对我述说他们的苦楚，无非是他的一番苦心和好意，却总是不能被教师理解。无论他多么努力，无论多么设身处地地为学校着想，为教师谋福利，到头来都会招来反对声，这简直令人心寒。我完全理解那些富有道德感的校长们的苦楚，那种被无中生有污蔑一番的感觉，定是像吃了苍蝇般难受。因为受不了这样的污蔑，一些意志不坚定的校长往往会泄气，心里想：“何必再干下去呢？当校长这个‘小官’，好处没得多少，每天殚精竭虑地工作，到头来受这等气！”我在任校长期间，自认为为学校已经做到呕心沥血了，还不照样收到带威胁性的匿名信，还不是常常被本校教师举报，校长们要有坚强的神经系统，习惯了就好了。

我常常对校长朋友们说，你把自己当个“政治家”吧。政治家是不会在意人们恶意中伤的，公众有权利怀疑每个当官的和掌权的人。你要记住有些事是会越描越黑的，你越在意，就越像那么回事了。何不淡定些呢？你本来就不是教师们选举产生的民意领袖，你只是一个暂时被上级派来管理学校的人，有一些反对意见很正常。我想，你只要守着自己的道德底线，只要问心无愧，你便会获得尊严，真正的尊严只有自己才能给予。你只需耐下性子，不必自己去证明什么和澄清什么，用时间来证明和澄清吧。

校长要坚守道德底线，道德底线在哪里呢？我认为，校长的道德底线是诚实。

诚实对校长为什么那么重要呢？那是因为校长作为学校的执政官，是通过向教职员工提供和发布信息来进行管理的，人们希望从你那里获得的信息是真实的、正确的、有效的，如果大家认为你是个不诚实的人，那么你哪里还有什么权威性呢？

什么是诚实？诚实首先就是不能撒谎。撒谎是故意地不如实表述真相，因此撒谎是一种不可原谅的不诚实。一旦谎言被人识破，人们自然就会怀疑你，怀疑你的一切，连同你所提供和发布的所有信息的真实性、正确性和有效性。

撒谎不仅会使你失去大家的信任，而且会引发大家的愤怒。那是因为撒谎会给他人带来极大的不愉快。你的不诚实，显然妨碍了他人寻找与选择所需的信息，增加了他人寻找和选择真实信息的成本，人们会认为你在浪费他们的生命，当然就会“怒从心中起，恶向胆边生”了。撒谎被指为不道德，是一点儿都不冤枉人的。民众最不能接受政府的道德缺陷之一就是不能诚实地披露事实真相，民众认为政府官员和当权者撒谎是不可忍受的，是把他们当猴耍，是对他们的侮辱。

诚实意味着不能撒谎。比撒谎更不可原谅的行为就是欺骗。欺骗是一种比撒谎更严重的不诚实，那是因为，撒谎是在故意提供错误信息，而欺骗则是对信息进行了有意识的调整和加工，隐瞒或者扭曲真实信息，以达到自己的目的，或试图对他人产生更大的影响力。比如说，如果你不爱一个人，却口口声声对他说“我爱你”，这是在欺骗而不仅仅是说谎了。你没有真实地将内心感受或信念传递给别人就是在欺骗。

撒谎可能只是让人错误地对你产生敬仰或者同情，而欺骗则伤害更大，欺骗的目的显然是要从对方身上获得某种好处。因此，如果说撒谎是在“违法”的话，那欺骗则是在“犯罪”。假如一个你瞧不起的教师因为明显的差错而即将被学校解聘，可你却对该教师热情款待，礼遇有加，这么做你周围的人就会觉得你很陌生也很可怕。同样，你对某个上司很不满，背地里经常对他极尽冷嘲热讽、嬉笑怒骂，忽然有一天该领导造访你们学校，你却满脸堆笑地奉承，这就是欺骗。你周围的同事虽然口上不说，心里却认定你的人格一定存在严重的问题。

一些不诚实的言语和行为，尤其是撒谎，在某种特定的情况下是可以谅解的。如上级领导来检查工作，你为保全学校的面子而撒若干小谎是可以原谅的。比如，要查食堂卫生记录，你拿不出来，你撒谎说食堂保管员最近请假，资料暂时取不出来。

同样，你的下属有时候难免会撒个小谎来保全自己，你也不必斤斤计较。比如，你突击检查某个教师的备课笔记，他拿不出来，涨红了脸轻声对你说“忘记在家里了，明天一定带到学校”。这时，你明知道他在撒谎，你心照不宣就可以了，一定要给对方留有余地，不必非把他逼到绝境里，非得“落井下石”，喝令他马上回家把备课笔记送过来不可。你知道有些谎言主要是用于逃避惩罚的，你不拆穿他，也不逼迫他，如果你给他留点儿面子的话，当事人会暗地里感激你的，而其他人也会赞赏你的宽容。你的顺水推舟，有利于塑造你顾及他人的感受、善解人意的良好形象。你这么做是一种领导艺术，既能达成你的目标，也避免了尴尬。

可是，欺骗行为却是不能原谅的。比如说，为了评职称，有的教师伪造工作经历，明摆着做班主任的年限没有达到规定的标准，却声称达标了，还煞有介事地做了些假证明附在材料袋里。那你要揭穿他，绝不给他面子，不仅不该给他面子，还要连“里子”也一同扒下来。同样，为了应付上级有些不必要的检查评估，你不愿意浪费时间去真做准备，撒个小谎就过去了，这样既保全了学校，逃避了惩罚，也避免了和上级领导之间的冲突。可是，如果你为了争某项先进而制造一大堆假资料、假文件，搞些假活动，那你就是在欺骗。只要你在学校里带头欺骗，就会很容易使欺骗变成一种不良的学校文化，就会破坏学校的机理，那就是在“犯罪”，后患无穷。

不诚实是一个人巨大的道德缺陷，习惯性的欺骗行为是在拿人格作赌注，是不值得去冒险的。要知道，大多数人都不是傻瓜，你的下属和员工都是聪明人，他们可以通过观察你的行为而察觉到你品质的高下。

其实，人在欺骗他人的时候总会暴露出蛛丝马迹的，比如，你有时忽然含糊不清、游移不定，或似是而非、前言不搭后语等，你的口齿、你的眼神，都会透出信息。所以，千万不要去冒不诚实的风险。撒谎最大的代价就是从此失去了依赖于你的人或者你所依赖的人的那份宝贵的信任。

你的诚实对你的前途之所以重要，是因为诚实与你在校内的公信力直接相关。公信力是你在学校里最重要的一种无形资产，体现了你在学校的权威性、信誉度以及在教职员工中的影响力。一旦失去公信力，你迟早会被大家鄙弃。

人们也许能容忍你其他方面的缺陷，比如，你缺乏个性或者很笨拙，但你的失德一定是破坏你所拥有权力的一个严重缺陷。

本条建议谈的是道德问题，一个道德方面对自己有要求的人，可能会显得有点儿傻，我的建议是你宁可被人认为傻，也不要失德。

不过，我们可以傻一点儿，傻有傻的可爱，傻一点儿的人倒是更有可能“笑到最后”。我们可以傻，但似乎不能平庸。为克服平庸，你可以继续阅读我的第十二条建议。

第十二条

校长也要有时尚感

校长的任期多长才是合适的？这个问题教育局的领导们很关心，校长们很关心，学校教职员工们也很关心，只是关心这个问题的动机和心境各不相同吧！似乎没有见过这方面的研究，所以在这里我也只能发表一些自己的见解。我认为，究竟校长的任期多长合适，从不同角度看，结论可能也是不同的。

对有些教育主管部门来说，他们一般不那么希望校长的任期过长。校长任期过长，在学校里扎根过深，权威过大，往往会自成一统，占地为王，甚至尾大不掉，这可能会影响教育局的权威性。

在科层制条件下，领导们普遍希望政令畅通。可现在干部往往年轻化，有的教育局官员又是通过公务员考试考上来的，他们上任时岁数不大，而校长们一般都是有点儿年纪的人了。有些领导怕自己年龄太小压不住阵脚，指挥失灵，所以一些新上任的教育局领导往往一上台就开始“洗牌”。洗过牌和没洗过牌会有很大不同。那些自己提拔的人，当然好用，出现顶撞的几率很小。因此，一些教育主管部门并不倾向于规定校长任期，因为那会使权力部门调用干部时束手束脚。即使一些立志实施人事制度改革的地区，尝试使用任期制、聘任制和竞聘制等，也会出现虎头蛇尾、无疾而终的现象。有时候所谓的人事制度改革只是为了“洗牌”。

从教育专业人士的角度看，校长最好任期能长一些，这样有利于教育改革和学校发展的连续性。凡教育领域里的变革，都有一定的周期，频繁地更换校长在一定意义上讲可能会对学校发展造成不利影响。

而校长们在谈到任期问题时，显然分成了两种意见。一种认为任期应该长一些。有些校长，事业心很强，一心想扎根于一所学校做出些成就，他们会反对中途更换学校。也有一些品牌学校校长，不愿放弃品牌学校"掌门人"的位置，学校给他们带来了各种社会关系上的便利，作为"既得利益者"他们也会反对更换学校，所以，即使有些地区实行了校长职级制，可也未见名牌学校校长到薄弱学校任职的。另一种意见认为任期不可太长，否则一些在薄弱学校工作的校长会感到缺少提高的机会；一些校长在任职学校工作很不顺利，也想换换环境，也会主张校长任期制和轮换制。

从学校"利益相关方"的角度看，一些与学校建立了一定业务关系的部门和单位会反对更换校长。比如，教育类报纸、杂志，他们花了很大代价建立起合作关系和信誉，频繁换校长无疑会增加他们的交往成本。

从教师角度看，有些人似乎也不希望长时间被某位领导管着，即使校长再出色、再有魅力，看得多了，听得多了，感受得多了，他们也会产生审美疲劳。这是正常的情感反应。朝夕相处得越久，越是知根知底，就越易失去新鲜感。我任校长时，就明确地告诉教师们，我只干六年，即使教育局不更换校长，我也自觉走人。长时间里的"相看两不厌"是不可能的，"喜新厌旧"对校长和教师双方都不是一件坏事。

我个人认为，即使在一所学校只当六年校长也是够漫长的了。在这六年里，校长还有激情，还有动力进行改革和创新，就我的体验来说，超出六年，似乎容易倦怠。有时候只有通过换校长才能不断地给予教师外部刺激，以焕发学校新的活力。对一所学校来说，失去活力是十分可怕的事。失去活力之后人们就容易将现存的一切视为理所当然，那只会使学校发展停滞，使人际矛盾堆积起来。

不过，总有一些校长，他们的事业之树常青，干多长他们都不会懈怠。因为心中有梦想，就会有饱满的工作热情，他们也就可能激发教师们的热情，他们更有能力将学校带向更遥远的未来。而这样的校长一定不是那些墨守成规的校长，不是那些总是向过去看和靠回忆活着的校长，而是能紧跟时代潮流，甚至超越时代的校长。他们无比热爱教育，如同热爱生活，也许他们还颇具时尚感!

这里我要谈谈热爱生活的问题，我认为那些保持饱满的工作热情的校长一定是热爱生活的人，他们对时尚生活同样保持敏感性。

什么是时尚？时尚由两个字构成，一是“时”，就是时间的意思，二是“尚”，是“崇尚”的意思。顾名思义，时尚就是短时间里一些人所崇尚的生活。总有一些人，他们是人群中的少数，由他们率先实验，在衣着打扮、饮食、行为、居住，甚至情感表达与思考方式等方面率先实验，之后，人们纷纷仿效他们，时尚便这样形成了。

我发现有不少校长，随着年龄的增长，开始刻意远离现时代，尤其是与时尚保持距离，甚至排斥时尚，认为有时尚感的人生活一定不那么严肃。我认为这些校长可能误解了时尚的含义。其实，时尚并不是流行，确实流行的东西未必都是有价值的。

我们要将时尚与流行做个区分，这样才能理解时尚的本义。时尚虽然是流行的风尚，但时尚的流行范围却是十分有限的，那些广泛流行的东西还不能被称为时尚。广泛流行的东西往往是庸俗的，而时尚则是一种艺术，时尚是有品位的和超凡脱俗的。当我们说起流行的时候会觉得俗，而当我们念叨“时尚”这个词的时候，会产生艺术的、美的和有品位的联想。追求时尚与追求流行的另一个不同在于，前者出于理智，而后者是被动的追随。

基于对时尚的上述理解，我们就可以得出一个结论：那些有时尚感的校长，其实并不是在追求时髦，而是在追求品位，是要过有品位的生活。一个有品位的人，他的个人品质，他的趣味、情操和教养显然在一般人之上。他不是在“过日子”，比如喝茶，他不是用舌尖以味觉去品，而是用心去品，从茶中品出人生况味；他看到一棵树，冬天里的一棵光秃秃的树，从中他能品出一种萧瑟、苍凉的美。

我们有理由相信，由一个品位高的人当校长，他会将生活中的优雅和精致、他的情趣和格调都带到学校里。他希望赋予生活以意义，他也会将这带到工作里来，而赋予所有人的工作以意义。他一定会将对生活的别样的感受带到学校，会让人们对学校产生别样的感受。而一个品位低下的校长，其实是一个缺乏人文底蕴的人，是一个乏味的人，他的生活可能粗鲁低俗、愚昧无聊，在工作中他也往往自以为是，丑态百出。所以，时尚感强和有品位，对校长本人是件幸事，对学校和教师也是件幸事。

不要认为时尚是花钱买来的，那些粗俗的人以为有钱能买到面子和奢侈，而事实上他们却因为缺乏品位而被关在时尚的门外。其实，即使你没有钱，也可以有高雅的生活。时尚是从骨子里透出来的一个人的高贵脱俗的表现，时尚能带给校长自己也带给别人愉悦，它会带来优雅、纯粹与不凡感受。时尚感强的校长会成为教职员工关注的焦点，成为学校高品位的标志，因为不断地追求新的时尚，不会落伍于时尚，校长便成为一个在他有限任期内不容易使人厌倦的人。这无疑会延长校长的政治生命。

时尚是外在的，比如，你的着装打扮、饮食起居、住房和房间里的装饰。时尚更是一种生活方式，如果你的生活方式是艺术的和有品位的，那么你就是时尚的。你的生活方式渗透着你对生活和生命的独特理解，你外显出来的一切都反映了你的精神生活。你的价值观、道德观、审美观，这些观念本身是否是艺术的和有品位的，决定了你是否具有时尚感。

目前，最时尚的生活方式是什么？是过简单生活，是崇尚简单、简朴和简约。你极力减少对财富和其他功利目的的追求，减少对消费的欲念，而过上灵性、自在、健康的生活，这就是现在的最时尚。

简单，在今天的时尚人士看来就代表着艺术和品位。你的穿着很简单，吃喝很简单，待人接物很简单——因为简单，你变得单纯和宁静，在一个喧嚣的世界里，单纯和宁静实在难得。

而要过简单生活，就要和这个时代流行的复杂生活抗争，于是崇尚并做到简单生活的人总是少数。也正因为是少数，他们才不是时髦的而是最具时尚感的一小群人。因为与这个时代的俗人们不同，那些过着简单生活的人才需要勇气，他的特立独行使他显得很特别、很有性格，格外地超凡脱俗。

崇尚简单生活的校长过着超然的生活，他不那么习惯于在外应酬，不像其他官员那样每日里酒足饭饱跌跌撞撞地回家。也许他心中就只有那一两个简单的目标，他的追求也许并不宏伟：守住小小的学校，做好每件小事；守住自己的小小书桌，用心读好每一页文字。他穿得很简单，吃得也不多，可是没有人说他的简单生活落伍。人们远远地看着他，却能感觉到他的充实和不简单。

一个崇尚简单生活的校长会把他的生活哲学渗入学校，他的工作方式也是简单的、务实的和理性的。他不会大刀阔斧，不会四处张扬。他从来不会搬弄辞藻、故弄玄虚，他只说人话、家常话，可是他的精神气质却充满学校。他似乎是无处不在的，无论他在与不在，人们毫无疑问地感到了他的存在，受到了他的激励和影响。于是，简单生活和简单工作也可能变成学校里的一种时尚，成为教师们追求的生活和工作方式。

读一本好书，写写心里的感受，唱一首歌，唱出心里的情感，拍拍照片，到街头散散步，或去公园听小鸟的吟唱，简单无比的生活，却是富有诗意而浪漫的生活方式。什么是时尚，洗尽铅华后的高贵，就是时尚。

不要认为生活越繁复越好，官越大越好，钱越多越好，工作越忙越好，人越累越好。对校长来说，你的思想越博大越精深越好，这正如杜安·艾尔金所说，我们可以将自求简朴称为一种外在越简朴内心越富有的生活方式，一种最真实、最活生生的方式，它会带给我们与生活直接且有意义的接触。

至于你如何才能使内心富有，请阅读下一条建议。

| 第十三条 |

让自己的内心富足

科学越多的地方，思想的空间可能越小；反之，科学越少的地方，思想的空间可能越大。

在某些领域，科学的成分占多数，那么思想的空间就会很狭小。假如我们都是从事医学研究的，我没有必要与大家谈论思想。医生们坐在一起探讨癌症治疗方案，谈的都是些数据和观察到的事实，谈什么思想呢？假如我们都是从事航天事业的，也没有必要多废话了，重要的是数据和观测到的事实。

而在另一些领域，既需要思想，也需要科学，而尤以科学为支柱。比如，建筑行业就需要思想和科学相结合。2010 年在上海召开了世界博览会，每一座建筑物都是不同的，体现了不同的建筑思想和设计理念。但是这些五花八门的建筑物能够屹立起来，支撑它们的是科学而不是思想理念。

还有一些领域，科学还不能做更充分的解释，因此思想的力量更大些。比如说，在教育领域，行业内的人们呼唤科学、渴望科学，一些教师被校长逼着搞“科研”，可是，说实话，科学还未能真正指导教育。我们经常说要尊重教育规律，而我们又知晓多少教育规律呢？遗憾的是，在教育领域，科学研究的成果实在令我们失望，每年产生了那么多“教育科研成果”，又有多少被我们有效利用的呢？

在科学尚未能有效地解释人类学习之前，学校依然要以思想为支柱。

于是，我们不得不承认一个事实：在教育领域中，是思想而不是科学成为了主导性的力量，思想是教育事业的精神支柱。历来被称为大教育家的都首先是思想家而不是科学家，这种情形看来还要维持好多好多年。

思辨和实验是认识真理的两种不同的方法。思想家说“我认为”，科学家说“实验表明”。思想家对人类世界和教育现象的理解很大程度上是靠直觉，科学对教育现象的解释是靠数据和事实。因为思想家的思想往往带有强烈的个人色彩，一些思想家的思想可能太复杂，有时候也没个定论，所以往往被人诟病，流派也就特别多。钱钟书在《围城》里写道，三闾大学，“工学院的学生看不起文学院的，文学院的学生里，外文系的看不起中文系的，中文系的看不起哲学系的，哲学系的看不起社会学系的，社会学系的看不起教育学系的，教育学系的学生没有学生可看不起，只好看不起系里的先生”。这可能是因为思想家的成果不如科学家的成果那么经得起验证，也不能被广泛运用到教育领域。

眼下，为什么我们没有教育家？是因为教育行业的从业人员往往不生产思想和知识。不仅不生产思想和知识，有时连常识都不具备。我们不仅没有创造新知识，甚至还不能谦虚地学习与借鉴别的行业和领域内的知识。因为新思想不是从教育行业中产生的，所以教育只好被动地追随潮流，而不能获得对新时代和新潮流的领导权。

为什么我们不能生产思想呢？一是因为我们缺乏生产思想的能力，二是因为我们教育内部缺乏宽容的环境，甚至整个社会都缺乏足够宽容的环境。

我认为，校长可能成不了什么教育思想家，倒是可以努力成为一个教育思想者。我们的思想未必成为体系，可是积极地思索教育问题，是校长的一种责任。毕竟，如果校长没有思想，那他就是个没有教育魂魄的人，就是个内心空洞的人。校长没有思想，也不允许别人思想，学校就可能成为没有教育魂魄的学校，成为空洞的没有文化的学校。

校长要成为一个思想者，可是思想从何而来？思想的首要来源是前人的思想成果。我们这些教育工作者一定要追随先人教育思想的轨迹，至少应对近百年来人类的教育思潮和这些思潮的演进有所了解。要让这些思潮和思想浇灌我们的思想，激励和启发我们开出属于自己的思想之花，这样也就避免了我们可能的狂妄。在教育界，最野蛮的人是那些不知道敬畏的人，他们因为无知而显得无所畏惧，他们以为自己的某一观点非常新颖，好像忽然就变得很有思想，而实际上先人早就论述过了甚至批评过了。在我看来，现在市面上一些流行的所谓新思想、新观念，基本上都新不到哪里去。

其实，真的很难有什么新思想、新观念。我们都知道教育思潮的“钟摆现象”吧。从 20 世纪初的“新教育”和“进步主义”思潮占主导地位，到随后新传统教育的回归，人类教育思潮就形成了所谓“钟摆现象”。欧洲的“新教育”思潮和美国的“进步主义”思潮都是“人本位”的，而传统教育思潮和新传统教育思潮则是“社会本位”的。“人本位”的教育思想将人视作教育的目的和最后归宿，而“社会本位”的教育思想将社会进步和发展看得比人更重要。

偏向“人本位”思想的“新教育”思潮继承和发展的是自由主义教育传统，特别传承了卢梭的教育思想。他们极力反对传统教育的主智主义，反对强调智力、智慧和理性发展的同时却忽略了情感、意志等非智力因素的作用，反对传统教育中理论与实践脱离、教育与生活脱离的弊端。这种思潮主张教育应充分尊重儿童的自由，反对对儿童的压抑和限制，因此他们重视个别化和个性化的教学组织形式，如分组教学、平等对话，等等。

偏向“人本位”的“进步主义”教育思潮从本质上说与欧洲的“新教育”思潮是一致的。杜威是“进步主义”的代表人物，他的思想相信大家都很熟悉。杜威坚持认为“教育即生活”，教育应能满足儿童的需要和兴趣并成为儿童的生活，而不是为未来成人生活做准备，因此，他认为最好的教育就是“从生活中学习”。

偏向“社会本位”的新传统教育思想则与“人本位”思想根本不

同，他们的思想是“钟摆”的另一端。第二次世界大战以后，很多人开始怀疑占主导地位的“进步主义”教育改革是否发生了方向性的偏差，于是钟摆就开始从“人本位”转向“社会本位”了。他们认为“进步主义”过于关注儿童的个人经验，而忽视了学校传授系统科学文化知识的基本职能。

力图恢复教育传统的人士，他们倾向于对学生施加有效的控制。他们认为，个人自由是重要的，但更重要的是人的社会责任，因此，必须让学生学习过去的传统，以此来控制他们的情感和狂想。他们主张教师必须传授真理，至于兴趣是次要的；主张学校教育应突出教师的地位，强调教师的作用，教师就应该成为学生心目中的专家和权威。

教育思想基本上是基于钟摆之间，我们的任务主要是在沿袭前人思想的基础上有所发展和创造。事实上，正是上述两种教育思潮的斗争和此消彼长的关系，激发出人们对教育越来越多的关注和研究，此后人类教育思想界呈现出百家争鸣的态势。比如，新行为主义教育思想、存在主义教育思想、教育现象学思想、结构主义教育思想、经验与实证教育学思想、批判主义教育思想、教育解放思想、人本主义教育思想、建构主义教育思想、整体主义教育思想、复杂性教育思想、后现代主义教育思想等，精彩纷呈，不一而足。而当前教育思想界占主流的是终身教育思想、全民教育思想和全纳教育思想。

如果你对前人的伟大创造有所敬畏的话，那么你就要对他们的思想有所体悟，并在这些思想中做出一个基本的选择，而后站在他们的肩膀上做出努力，力求有所突破。

思想的第二个来源是人们对这个时代的重要命题所做出的回答。不同时代总会对热爱思索的人提出不同的问题，教育也是如此。如果你能对当前我国教育存在的独特问题做出独特的回答，而且你的回答能自圆其说，还能令人信服，那么你就有可能是教育家。陶行知先生的平民教育思想，回答了当时教育存在的问题，所以他就是了不起的教育家。虽然由于时代的局限我们成不了陶行知，可我们还是要有强烈的问题意识，努力回应大家普遍关注的教育问题，并做出积极的回答。

要了解回应教育重大命题方面的策略和方法，请阅读我的下一条建议。

第十四条

给出一套完整的解释性框架

我又一次提出解释性框架这个老问题了，因为这意味着一个成熟校长能对教育和办学问题做出系统思考。

有两种思想家：一种思想家想要构筑理论大厦。比如马克思，他构建了完整的理论体系。还有一种思想家则有感而发，他们干预社会，往往“破坏”得多“建设”得少。比如鲁迅先生，他无意将自己的思想系统化和结构化，他只是批判。他的文章处处在闪光，如同孔子和苏格拉底，他们只是言说，却不去做大部头理论著作。在欧洲，那些构建理论大厦的知识分子被称为是“刺猬型”的，而鲁迅式的知识分子则被称为是“狐狸型”的。这两种思想家形成了两种思想范式，前者叫作“日耳曼式”，后者叫作“盎格鲁式”。

教育思想也有“日耳曼式”和“盎格鲁式”两种范式。我认为，一个有思想的校长，应该有对内的和对外的两个面相。对内，校长展现在教职员工面前的是“日耳曼式”的；对外，校长展现在同行和社会面前的则是“盎格鲁式”的。这就是说，在教师面前，校长应该系统地阐述自己的教育观念和思想，要努力使自己的表述趋于完整，应该建设性地对教师工作和学校发展提出自己结构化了的理论大厦；而在同行和社会面前，校长应敢于批判现状，勇于干预社会，通过“破坏”的方式来为学校和教育发展争取更大的生存空间。

我认为一个了不起的校长首先是个专业人士，靠自己的思想体系在校内产生影响力。其次，校长也是个令人尊敬的社会名流，应该像个社会活动家，靠自己思想的火花为自己与学校赢得声望和社会声誉。

我这里所谈的解释性框架主要是指构建自圆其说的和有说服力的思想体系。那校长应该如何建构足以在校内产生影响力的系统的教育思想呢？我认为，校长对内发布的教育主张要围绕着学校发展来阐发，至少要回答以下根本性问题。

第一个问题：校长的使命和目标是什么？

向教职员工系统阐述这个问题，有助于校长给自己做出明确的角色定位，同时也对教职员工宣示你的决心、信念和衡量你工作的标准。一般地，你应在上任第一天就对大家宣示，而后每学期开学时都要郑重重申。我认为，校长的最高使命是发展学校，校长的决心、信念都在发展学校上，而衡量一个校长是否胜任工作，关键是看他在多大程度上促进了学校发展。你对这个问题的阐述越清晰明了就越好，也越有力量。你在向教职员工宣示你的使命时，态度一定要真诚，要充满信心。当你对愿景和目标的思索十分成熟时，你的表述一定会如同从心底流出来的那样充满张力。

第二个问题：什么是发展？

校长要提出自己的发展观，并在这一重要的观念上与教职员工达成共识。如果不能达成共识，学校发展就变得无法衡量，那么学校所有人的工作都将缺少有效的衡量标准，无论你的工作，还是下属们的工作，都变得无法衡量。提不出富有说服力的发展观，不仅将导致工作标准混乱，而且还会影响到你的办学思路和学校发展路径选择。校长工作思路不清和战略不明，是发展观缺失的必然结果。

校长有责任告诉教师们什么是发展，告诉所有人学校发展意味着什么：发展就是提高学生的学业成绩吗？发展就是规模扩张吗？发展就是品牌增值吗？发展就是将学校的每一个要素做到更好吗？学校发展就是内涵方面的发展吗？而如果学校的发展就是内涵发展，你们所指称的所谓内涵是什么？是求真？是优美？是向善？是拓展自由？是谋求幸福还是追求正义？

你要能明白地告诉所有教职员工什么是发展，为此你要做充分的价值澄清的工作，你要对学校的外部环境与内部能力进行评估和分析。相关建议之后我会向你一一提出的，在此先按下不表。

第三个问题：我们学校现在发展到了哪个阶段？

无论持哪一种发展观，都会将发展看作一个进步的过程，一个从低级到高级的过程。为具体标识学校发展的程度，我们一般倾向于将发展过程区隔为若干阶段。标识学校发展阶段对学校的自我认知、自我定位以及确定学校近期和长期发展目标是有益的，更重要的是，能给学校所有人以明确的方向感。能给学校所有人以方向感是一个权威型校长的基本特征。

在确定了本校目前的发展处于哪个阶段之后，校长才可能向大家提出学校发展的阶段性目标，也才可以清晰描述学校的未来，帮助大家形成共同愿景。

比如，我在当校长时发表我的发展观和发展阶段理论。首先是我的发展观，我认为，发展就是拓展自由的过程，也就是说，学校发展就是从一开始不自由，到后来比较自由，最终达到自由的境界。

进一步，我发布我的发展阶段理论，我将学校发展分为三个阶段：质量阶段、效能阶段和人本阶段。首先是质量阶段，这个阶段的主要目标是追求质量方面的“零缺陷”，这是一个为学校未来可持续发展打基础的阶段，为确保质量，学校应重在控制，通过建立标准来建构起完整的质量控制系统。其次是效能阶段，这个阶段的目标是在保持质量稳步提升的同时降低工作耗损，为提高效能，学校应充分授权，将管理的重心下移，以不断提高基层的决策和执行能力。在经历了质量和效能阶段之后，学校方能进入人本阶段。这一阶段的目标和愿景是，全校师生的幸福感很强，他们更为自主，他们的个人价值与个性潜能得到充分实现和发挥，学校成为师生共同学习的乐园。这时，需要管理层做的主要是关怀教职员工，而学生的幸福感在很大程度上则来自教师的生命关怀。

以上只是我为我所任职的学校教职员工描述的发展阶段理论。读到这里，我想你也可以独立思考一下，你的发展观是什么，你心目中理想的学校是什么样的。

第四个问题：如何促进学校发展？

推动学校发展是要借助某些力量的，我认为存在着以下四种干预和促进的力量：校长及其他“人力”方面的力量、文化的力量、制度的力量和战略的力量。其中，校长的个人干预是最传统的一种干预方式，夸大这种方式的结果就是强调“一个好校长就是一所好学校”，而所谓的好校长是指胜任力强的校长。文化干预是最持久、最深刻而又相对迟缓的一种干预方式，这种力量是否强大，取决于教职员工对学校文化的认同程度。制度干预是最强大和最明确的一种强制性干预，这种力量真正发挥效用取决于执行力，而执行力之有无，又由制度是否制定良好以及是否人人愿意服从来决定。战略干预是一种发展智慧和灵动的干预，也就是说，使学校能“在正确的时间和地点做正确的事”，校长对外部环境和内部能力深刻而真实的洞察决定了学校的战略选择。

以上是我对促进学校发展力量的理解，那么你的观点是什么呢？如果你认同我的观点，那你会认为其中哪种力量是最重要的呢？

对以上这些问题的回答构成了关于学校发展的一套富有解释性的框架。当初我并不是一下子就能提出这套框架的，而是在反反复复地思考以及来来回回地与干部、教师讲述的过程中逐步建立起这套框架的。教师们之所以接受这套框架，是因为这套框架至少对我们学校是富有解释力的，而且也是经得起时间考验的。

以上我介绍的是在学校内部，如何向教师们提出一套成体系的思想框架。下面来谈谈如何对外展现自己的思想魅力。

一个了不起的校长应能对周围世界产生影响力，这种影响力不仅来自你具有建设性的思想体系，更来自你对现实的批评。校长要有批评精神，而批评精神的实质就是质疑。校长要能对大家司空见惯的现象和认知发起挑战，要学会用理性的力量去启发民众，以帮助社会更好地恢复良知和回归常识。因此，质疑是你的习性，批判是你的姿态。

质疑是一个人学习、思考和探索的起点。一个校长如果不会发现问题、提出问题，并试图以自己的见解去回答那些棘手的问题，就不会有真正的思想，也就容易陷入人云亦云的境地。追求真理是需要勇气的，有时候向名人和权威挑战更需要勇气。一个敢于批评的校长是一个灌注了批判精神并始终保持“怒发冲冠”的批评姿态的知识分子。

批判精神是一个人对真理的态度，富有批判精神的校长认识到真理的权威要远高于任何世俗权威和学术权威，他们“服从而且仅服从真理”，是真理本身而不是为炫耀自己的学问给予你批判的勇气。拥有批判精神，就仿佛掌握了普罗米修斯盗来的生命之火，正是这把熊熊燃起的火，推动着你思想的进步。

请允许我斗胆放言，那些没有批判精神的校长，与木偶无异。缺乏批判精神的社会，是一群可怜的羔羊的屠宰场；没有批判精神的教育界，是无脊椎动物的展览馆。

如果你要学会批判，请查阅我的下一条建议，并在此建议你对本书进行批判性阅读。

第十五条

培养自己教育之外的功夫

好多校长朋友害怕写作，一提要上交计划、总结、论文之类的就傻眼了。我认为对写作不必抱有恐惧之心。写作就是在说话，根本不应该有一门学科教人写作，写作一定是“以吾笔写吾心”的。

如果你不会写或写得不够流畅，多半是因为你学习前人思想和理论的功夫还不够，或是从现实生活和工作中发现问题的能力还不够，或是质疑的勇气和能力还不够。因此，你如果想在对教育问题发表意见时，终于能滔滔不绝，而且下笔如有神的话，真正的功夫在教育之外。

所谓“功夫在诗外”，指的是校长们要学会从教育之外，以不同的视角和方法重新看待那些司空见惯的教育问题。以下我介绍一些视角和方法供大家参考。

1. 哲学的视角和方法

哲学探讨一些看似与周遭生活没有直接关联的根本性的和“高大上”的问题，诸如我们应该如何更好地活着，什么是存在，什么是存在的本质，什么是真正的知识，什么是推理的法则，等等。以上这些探讨分别构成了伦理学、形而上学、知识论和逻辑学的主干。虽然校长们都不是哲学家，也不以哲学研究为业，但要热爱哲学。热爱哲学就是热爱智慧，哲学是智慧的朋友。哲学是一切学科的母亲，科学便是从哲学中脱胎而出，才成为与哲学并行的学科的。

其实，我们这些当校长的，差不多是靠说服他人为生的。要有效说服他人，就必须在根子上把握知识和观念，一个缺乏伦理学、形而上学和逻辑基础的校长，他的思考和表达就容易出现问题。那些名留青史的教育家，他们的个人理论浸透着哲学思考，因此能超越时空，让人常读常新，启发甚至改变了一代又一代人。

哲学大大地拓展了我们心灵世界的疆域，哲学的价值并不在于它能对所提出的问题提供某些确定的答案，而在于这些问题本身。校长们常常与教师们探讨什么是教育、什么教育是好的，引导大家思索教育与生命幸福的关系等，诸如此类的“大问题”并不能解决什么实际问题，但是帮助我们澄清了一些基本概念，这无疑丰富了我们的心灵，破除了禁锢心灵的陈腐的认识和理解。当我们冥想那些大问题时，灵魂也得到了升华。

2. 经济学的视角和方法

如果说哲学是一门最古老的学问，那么经济学在当今世界则不仅是一门新学而且是显学了。从来没有像今天这样，经济学家对我们的影响要远甚于哲学家。

经济学是研究“稀缺性”的学问，经济学家们研究一个社会应该如何利用稀缺资源来生产有价值的物品和劳务，并将这些稀缺资源在不同的人中间进行分配。这就是说，经济学研究主要涉及三个方面的问题：一是资源稀缺，因此我们要对资源稀缺的程度做出分析。二是资源稀缺，我们该如何做出选择。三是资源稀缺，我们该如何有效配置。校长们如果想从教育之外来认识教育问题，一个绝佳的视角就是经济学。运用经济学方法管理学校，就会思考以下问题。

问题 1：学校资源是稀缺的，那么学校到底有哪些资源，稀缺的程度如何？

这个问题看似简单，好像只要将资源，包括人力资源，罗列一下就可以了。但是，把资源罗列一下那还不能算作分析。真正的资源分析是要在着重考虑人们的欲望和需求之后，再进行分析，这才是经济学思维。比如，我们不能简单罗列一下之后认为学校办公电脑的总数够，单纯来看，电脑的总数是够的，可是实际上却可能不够用，因为不同学科教师的教学需求不一致，如有些教师要求电脑具备制图的功能，这会导致实际上资源的短缺。再比如，图书馆开了一份清单，发现学校藏书量不够，可是现在大家习惯于电子阅读，配置那么多纸质图书可能恰恰是资源浪费。

资源分析，不仅要分析学校内部成员的需求，还要分析学校的“利益相关方”的愿望和需求。学校有不少外部的利益相关方，比如社区、媒体、供应商等，一般而言，家长应该是学校最大的利益相关方。如果我们认可家长作为利益相关方的重要性，那就要理解家长们的愿望和需求，而后再来分析学校的资源现状是否足以满足他们。如果分析下来发现我们无力满足，那就要考虑如何有效地引导他们的需求，使其与我们的资源条件相匹配。

在我看来，校长有时候必须引导需求。人的欲念和需要是无穷无尽的，而资源总是不够的。学校里几乎所有的人事方面的纠纷和冲突，都与资源稀缺而欲求又过高有关。比如，近年来教育界的绩效工资改革闹得沸沸扬扬，正所谓“人为财死，鸟为食亡”，实在是资源稀缺所致，但也与教师膨胀的欲念有关。在这方面，校长一方面要合理分配资源，另一方面要尽力引导教师们的需求向内发展，而不是恶性地向外发展。

问题 2：既然资源是稀缺的，那么该如何设法获得更大的资源，在获取资源方面我们该如何选择，如何决策？

以学校最大的资源——人力资源为例，我们都知道，优秀教师总是稀缺的，作为学校管理者，我们该怎样做才能吸引好教师到本校来工作，而且怎么做才能留住他们？优质生源也是稀缺的，怎样才能吸引综合素质好的学生报考我们学校，怎样才能形成我们的核心竞争力，使学校成为当地优质品牌学校，从而留住更多综合素质好的学生？

如果我们从经济学的角度出发，就要考虑一个重要的问题，那就是成本和收益的关系问题。因为学校做出任何战略选择都要考虑现有的资源条件，一定要考虑成本问题，那些不顾一切的莽撞行为，可能成功一时，却不能成就一世。所谓“有条件要上，没有条件也要上”的说法是非理性的，也是不符合“科学发展观”的。

问题 3：既然资源是稀缺的，那么如何才能有效配置资源，实现资源价值的最大化？

经济学研究的核心问题就是资源配置问题，即是计划手段好还是市场机制好。在学校里，可以将这个问题转换成，学校的某些岗位是稀缺的，在资源配置时，是校长亲自分配好还是放手由着教师们竞争上岗好。校长亲自配置，那就是计划经济的模式，效益会比较差。而竞争上岗则是市场机制，效益会更好。不过我不太同意学校将所有岗位拿出来用于竞争上岗，因为有些岗位作为资源来说并不稀缺，或者说对这些岗位的需求不够强烈。比如班主任这个工作岗位本来就不具吸引力，拿出来用于竞争的话，可能会无人问津。一个改进的方法就是增加班主任岗位的吸引力，比如说大幅度增加班主任工资，或者通过赋权的方法，让班主任聘任任课教师，从而使班主任岗位成为“香馍馍”。

此外，在思考以下问题时，都需要经济学的思维：学校管理用什么样的模式和方法更为有效？课堂教学用什么模式和方法更为有效？绩效工资怎么发放，用什么模式和方法更为有效？诸如此类的问题，我们从经济学家们的伟大研究中都能找到知识方面的支持。

3. 社会学的视角和方法

社会学，顾名思义是研究社会问题的学问。在社会矛盾越来越尖锐的现代社会里，社会学对诸多热点问题都做出了很好的回应，其实社会学就是研究社会矛盾和提出解决方案的。随着信息化和全球化的到来，这个世界正变得越来越小，而且越来越成为一个整体，而个人的经验世界却变得越来越分裂和分散。现代社会学希望通过研究了解到底是什么力量使得社会各利益团体和个人聚集起来，从而寻找到纠正和防止社会瓦解、崩溃的方法。不过，也有些社会学家不这么认为，比如，著名的法兰克福学派就认为，我们不应去纠正和防止社会瓦解，那只会加剧社会崩溃，重要的是沟通。

在微观方面，社会学还研究人与人之间的关系。受社会学影响，教育社会学则更是以研究师生关系为旨归。

学校其实是个小社会，小社会其实是大社会的缩影。从社会学角度看待学校，我们会发现学校的突出矛盾，其实不是来自学校内部，而是大的社会转型中必然会发生的。因此，我们要学会用社会学家的眼光来看待这些矛盾，而不要简单地将学校矛盾看作个人和个人之间的性格差异造成的。不仅要像社会学家那样思考学校里所发生的那些矛盾和冲突，而且还要努力像社会学家那样对此做出回应。比如，我们应该怎样做，才能将趋向“土崩瓦解”的学校重新凝聚起来，或者如何采取必要的措施纠正和防止学校的瓦解，或者如法兰克福学派所主张的加强各方面的协调和沟通。

此外，互联网对社会的影响是巨大的。互联网也会给学校带来双重影响，对有利的一面和不利的一面，我们都要有充分的估计，只有这样才能发挥互联网积极的正面作用。

我在当校长的时候，特别关注到了学校小团体问题，我发现在学校这个“知识分子”扎堆的地方，拉帮结派的现象比较严重，很值得研究。于是我阅读了不少研究小团体的社会学著作，还研究了学习型组织、学习共同体方面的学问，研究了学校内部的干群关系和师生关系。这样做就会比别人多一个看待问题和解决问题的视角。如果你想进一步研究，可以参阅我 2007 年出版的《顾此失彼——教育理论与实践的困境》一书。

4. 伦理学、法学的视角和方法

伦理学是研究人类道德生活和道德问题的学问，也称为道德哲学。伦理学研究人的道德意识、道德动机、道德情感、道德行为以及道德规范现象等。我们的传统文化特别重视伦理道德的视角，习惯对各种人和事首先做出道德方面的判断。这就要求校长系统地学习这方面的知识，了解道德的本质、起源和发展，了解道德水平同物质生活水平之间的关系，了解道德的最高原则和道德评价的标准，了解道德规范体系，更要了解道德的教育和修养、人生的意义价值和生活态度等方面的知识。通晓这方面的知识，校长就能很好地解决自己的人生困惑，甚至能成为老师们的精神导师。因为，在现实生活中，有太多的教师面临着太多的人生问题。

学校的道德教育是学校教育的核心，对这一核心，校长只有成为行家，才能有效地实施。我认为，在领导学校的道德教育方面，校长首先要对道德价值进行澄清。20 世纪 90 年代的研究发现，现代社会的道德价值主要包括集体、真实、尊老、律己、报答、责任、利他、平等八项独立内容。而这些现代道德价值与中华民族传统美德，比如孝敬父母、尊师重道、团结友爱、立志勤学、自强不息、谦虚礼貌、诚实守信、严己宽人、人贵有耻、见义勇为、整洁健身、求索创新、勤劳节俭、见利思义、敬业尽责、清正廉洁、爱国爱民、天下为公之间的一致性、协调性和冲突，都是需要澄清的。相关内容在以后的建议中将进一步阐述。

一个有伦理学眼光的校长，会自觉地将道德视野放宽到除人类以外的其他伦理主体身上，例如我们应关注到生物的生存处境，甚至关注到可能存在的其他高级智慧生命等。从伦理学视角来看，甚至宇宙万物都是伦理主体。建立起这个视角，会使得有境界的校长与那些平庸的校长彻底地区隔出来。

除了伦理学，法学也应该成为校长们不得不涉足的一个知识领域。

什么叫作懂法？熟知法律条文不一定就是懂法，真正的懂法是指懂得法律条文背后的法学原理。

简要地说，法学是以价值论为核心内容，用“正义”的价值观念去验证法律的学问。法学研究什么法律是好的，什么是恶的。关于法学在学校规章制度方面的指导作用，留待后文阐述。

我在这里不厌其烦地讲述这些教育之外的知识和学问，讲述哲学、经济学、社会学、伦理学和法学方面的基本知识，以及这些知识与校长之间的关系，不是说要你成为这些方面的专家，而是说你要学会用这些学问的独特视角和方法看待教育现象，这样会使你别开生面地开展工作，更重要的是，这些知识和学问可以极大地丰富你自己的心灵世界。

说到这里，可能有的校长朋友们会提出，你说功夫在教育之外，为什么你列举的教育之外的知识学问都是西方的呢？中国学问难道对教育和学校管理无所贡献？

关于中国学问对教育可能的贡献，请看下一条建议。

第十六条

充分尊重本土的知识与学问

1898年京师大学堂创立，这是我国最早创办的一所新式学校，于1912年5月改名为北京大学，开启了中国现代教育之门。从此，中国教育走上了学习国外经验的道路，学日本、美国、苏联，直到现在还在学，学到“言必称希腊”的地步，实在是无奈的选择。因为我们缺乏用于指导我国现代教育的本土化和原创性的理论。

因此，我敢断言，那些真正值得中国人骄傲的大教育家，一定是“通古今，贯东西”的顶级人物。有雄心成为教育家型校长的，看来就得走这条道。即使成不了大教育家，平时多亲近一些中国传统文化，能为中国教育做一些原创性和本土化的贡献，哪怕一点点儿贡献也很了不起，也总比那些照搬外国时髦名词却消化不良的“知识贩子”好些。

不过，要提醒大家的是，千万提防中国传统文化的毒害。我不反文化，尤其不反传统文化，反传统文化有“数典忘祖”之嫌，会被“伪道德家”和“民族主义者”们骂得狗血喷头。相反，我倒是挺愿意努力地从传统文化中汲取灵感，从传统文化中学习为人的智慧和处世之道。我只是不主张大家放弃西学，而一味地浸润于传统文化。因为，中国传统文化中毕竟缺乏现代化的因子，要提防传统文化使我们再度与人类普世价值观失之交臂。

近年来，国学兴盛，我非常反感。我怀疑推行国学的背后有不可告人的商业目的，任何一种好东西一旦由商业来驱动只会离文化愈来愈远，更何况那些人推行的未必是国学，即使真正的国学其中还是有不少的糟粕。其实英语的兴盛大抵也是如此，全民学英语，连高考和中医研究生考试都要考英语，连老太太也被动员起来学英语，这可能是全世界绝无仅有的现象。我认为大家明知道学英语没有必要疯狂到如此地步，而之所以不敢大胆废止英语学科，其背后有巨大的商业利益吧。

近年来，一些学校大张旗鼓地将国学搬进课堂，而且还将其搬到了操场上去“作秀”，让满操场的孩子们摇头晃脑、煞有介事地诵读经典，我反对。什么是国学，大家普遍认为，国学是指以儒学为主体的中华传统文化与学术。很多人让孩子们诵读的也都是儒家的东西或者跟儒家有点儿关系的三字经之类的东西，且不论其中有多少糟粕有待清除，光是考察一下儒学本身，就会发现其实儒学从未主导过中国人的全部生活历史，儒学仅是统治者的画皮而已。很多人让孩子们诵读儒学著作，以为那就是一国之最大学问，却不知那其实只是皇家之学、统治之学。历来百姓日常生活中，起主导作用的也许是道家、佛学、中医、周易、戏剧、书画、星相、风水、算术等，为什么不把这些发挥主导作用的民间之学算在国学之列而让孩子们诵读呢？

中国传统文化至少应囊括六艺五术，六艺指“礼”“乐”“射”“御”“书”“数”，五术指“山”“医”“卜”“命”“相”。即使缩小些范围，国家之学也是儒、道、释三家而非儒家一家。文化在哪里？不仅在宫廷、考棚和庙堂里，还在目不识丁的老百姓的日常生活中，甚至在“江湖”之间。

其实，以前根本没有什么“国学”一说。国学之说产生于西学东渐、文化转型的历史时期。到目前为止，学术界还没有为国学做出统一明确的界定，大家众说纷纭，莫衷一是，可我们却已经迫不及待地将所谓国学搬进课堂了。将儒家经典堂而皇之地搬进课堂是将传统文化狭隘化了。

我再次重申，我反对的是将国学贸然引入课堂。我支持的是在校长的书桌上放置国学著作，学一些传统文化对丰富校长们的心灵世界大有裨益。

校长的书桌上要放置儒家经典，读一读近现代国学大师的著作，是件雅事。比如，读读章太炎先生的《儒术新论》、钱穆先生的《晚学盲言》，冯友兰、梁启超先生和季羡林先生的著述也十分可读。

我特别要强调，书桌上不能只有儒家的作品，书桌上无论如何不能没有道家的书，道家的著作非常伟大。有人说道家练气功、炼丹之类的，神神道道的，故弄玄虚，哪有什么了不起呢？其实道家不是道教，我们不要把道家与道教混淆起来。道家是由老子、庄子开创，并在魏晋被重新发现的哲学思想流派，而道教则是两汉时逐渐形成的一种宗教。虽然道教在理论上汲取了道家思想的大量因素，甚至奉老子为教主，但是不能说道教理论就是道家思想。道教所谓长生不老，成仙通神，与老庄的自然之道大相悖逆。

道家崇尚自然，主张忘情寡欲、清静无为。在教育界总体来说比较浮躁的情况下，校长们如果能用这些思想滋养自己的灵魂，治愈许多的现代病，那是很受用的。道家主张人性自由与解放，这可为校长在教育和管理思想方面提供颇多有益的启发。《道德经》上下五千言，字字珠玑，《庄子》的绝妙文笔和想象力，这些都是值得细细把玩和品味的。

在对中国文化的贡献上道家与儒家是同等重要的，道家在理论能力上的深厚度与辩证性，某些方面是超过儒家的。而道家文化在中国艺术、绘画、文学、雕刻等各方面的影响，则更是占据绝对性的主导地位，即使我们说中国艺术的表现即道家艺术的表现亦不为过。所以你的书桌上安放了儒家经典却不放置道家著作，是很不公允的。

有了道家的书籍，校长的书桌上最好还要虔诚地安放佛学著作。读佛修佛，可以让你明白什么是真正的中国人的智慧和最恰当的生活方式。我们应该知道佛是人而不是神，在全世界所有宗教中，只有佛教将神看作普通人而不是“神”。释迦牟尼来到人间的第一句话就是“天上天下，唯我独尊”。这里的“我”是指全体人类的每一个人，每一个人都是自己的主宰，决定着自己的命运。你还要知道佛是真平等的，佛教主张不但对跟自己有关系的人要慈爱，对跟自己没有关系的人也要慈爱，这就是佛说的“无缘大慈”。不仅对人如此，佛教视万物为一体，认为即使动物也是与人平等的。我们还应该知道人人皆可成佛，“佛”只是对一个觉悟者的通称而已。佛不是单指释迦牟尼一个人，人人可以成佛，处处可以有佛，人在佛中，自然成佛。即便是魔，只要放下屠刀，也可成佛。若要成佛，则要自然，不可刻意，要心如止水，要破除贪、嗔、痴三毒。不了解佛的基本知识，是没有资格说自己了解传统文化的。

有了佛学著作，书桌上还不能缺《周易》。不要认为《周易》是迷信书，《周易》是中国人的思想宝库，是个储存量无比巨大的信息库，更是一种值得我们夸耀的灿烂文化。《周易》将这个世界分为阴阳两个概念，用阴阳来揭示事物的性质和状态。《周易》说“一阴一阳之谓道”，就是将世界上千姿百态的万物和万物的千变万化都简化地解释为阴阳相互作用的结果。这是人认识世界的一种简约的方式，这种方式至今依然简明而有效。

易道讲究阴阳互应、刚柔相济，提倡自强不息、厚德载物。你要使自己和学校久历众劫而不覆，多逢危难而不倾，独能遇衰而复振，不断地发展和壮大，不是去求助于偶像，而是翻看《易经》。运用辩证思维，上测天，下测地，中测人事，通过预知自然和人事的吉凶，对一切做到心中有数、有备无患，这便是对传统文化的一种很好的尊重。

书桌上不能没有中医书籍。读中医的书不是从中医养生角度考虑，而是因为中医也与其他中国学问一样能为你提供充足的思想养料。中医以阴阳五行作为理论基础，将人体看成气、形、神的统一体，通过望、闻、问、切四诊合参的方法，判断邪正消长，以辨证论治原则，制定“汗、吐、下、和、温、清、消、补”等治法，使用中药、针灸、推拿、按摩、拔罐、气功、食疗等多种治疗手段，以使人体达到阴阳调和而康复。

读读《黄帝内经》吧，它不仅是教你治病，更是教你如何达到“真人”“至人”“圣人”“贤人”的境界。你要疗治学校的“病症”，中医的思维和方法就显得很独到。当你更关注学校的平衡和协调，关注学校元气和机体自愈的能力，在整体观下来寻找促进学校的可持续发展的良策时，你的思想和行为将定有超出常人之处。

最后，你书桌的抽屉里还得悄悄地放上风水学方面的书。少了风水学，国学总是欠缺的。风水学，是为相地之术，这是以易经为哲学基础的学问。风水学认为，宇宙万事万物有信息就有能量，就有它们的存在态势。整个宇宙由能量（气）、信息（数）和态势（象）三部分组成。能识别气、数和象，也就能体会什么叫“天地人合一”，什么叫“阴阳平衡”，什么叫“五行相生相克”。如果你掌握了基本的观天、辨质、察形、乘气、测方、定位、择时等方面的技术，加之你平时注重修德，你的悟性又比较高的话，那你就是合格的“风水先生”了。而在这之前你怎么有资格夸说自己懂传统文化呢？

可是你不能把那些有关风水的书公然放在桌面上，因为这容易使人误解。在有些人看来，《三字经》《弟子规》这样的书才是正统的传统文化，风水只是些歪门邪道而已。你不必为自己惹这种麻烦，放在抽屉里悄悄地读，细细地体悟就行了。

说到这里，校长朋友们会说，那看来我们都要读些传统文化的书了，要好好补课，否则妄做中国人了！可是，平时整日里忙忙碌碌，哪有什么读书时间？尤其是古书，若要读起来的话，语言障碍也是着实不小的。

如果时间不够或者缺少读书的心境的话，那不妨参阅我的下一条建议。这条建议是关于时间和压力管理的，希望能对你有用。

第十七条

驾驭时间，从容淡定

校长的工作是一份每天上班都会不断被打扰的工作。

一大早，你雄心勃勃地按计划准备把手中的工作和事务处理干净，可到头来却还是一事无成。时间久了，你便不再计划自己每天的工作，也不再主动由自己来安排事务了。

校长们无一例外地都说自己很忙，工作中常常被意外的事所打断，计划总是没有变化快，这可能是任何单位的一把手的常态。可是，如果忙碌过头了，无论什么时候都是憔悴不堪、灰头土脸的样子，这似乎有些问题了。这时可能就要探究一下：他是不是善于管理自己的时间？

时间对每个人来说是一样多的，如果不能把每一天、每一周甚至每个月的时间进行有效的、合理的安排，你将永无宁日，不仅不能确保决策正确，而且你会没有时间读书，也没有时间享受生活。用“夜以继日”“披星戴月”“晕头转向”来形容校长，无论如何也不是绝妙好词。也许，这时你应该暂时停下匆忙的脚步，重新审视一下自己的工作，审视一下自己在时间中的角色，以寻找一条更为有效的途径，去实现自己的工作目标，去实现你生命中的独特价值。

我认为一些中国式的管理者特别有两个缺陷：一是缺乏时间观念，二是缺乏效能概念。

首先是缺乏时间观念。我们的传统，比较重视生命，乐于理财，却似乎不太珍惜自己和他人的时间，我们不太珍惜自己的时间，以至在糟蹋别人的时间时也毫不怜惜。

其次是缺乏效能概念。效率和效能是不同的概念，高效率是指办事的速度快，而高效能则不仅仅是指速度快，更重要的是指在单位时间内所获得的价值和回报都很高。

对每个人来说，时间都是一种不可再生的宝贵资源，是花再多钱也买不来的。吝啬地花费时间，就是在节约生命。以下一些方法常被用来节约自己的生命，也节约别人的生命，请允许我先从大的方面说起。

一是明确你的价值观。

所谓明确价值观，就是要对什么是真正值得花时间去做的事，要有一个清晰的认识。比如，如果你认为人际交往是重要的，那你就应多花时间在应酬上；如果你认为自己的学习更重要，那你就不要去应付那些无聊的饭局。当我在听人抱怨说他自己每天忙于吃饭，根本没有时间读书的时候，我真想抢白一句："那你为什么不拒绝呢?"他一定无奈地叹气说："没有办法啊!"我认为你拒绝那顿无聊的饭和没有意义的酒，只要你坚定价值观，你还是可以做到的。我外出讲课或者做咨询时，最受不了的是吃饭应酬，无论中饭还是晚饭一旦入座就要花费两三个小时，其实吃饭聊天也说不出什么有意义的话，反正就得"按程序来"，有聊无聊总得聊。这样算下来，一天就有五六个小时花在饭桌上，奇怪的是竟然没有人觉得这有什么不妥。白白耗费了那么多时间，有时候我真的很心疼。刚开始，我也是积极配合，一坐到底，怕自己拂袖而去扫了大家的面子。而且我也知道大家都这么陪着我，也是怕照顾不周失了礼数，他们也都是好心，我就更不能扫大家的兴致。于是就这么日复一日地忙于工作和应酬，不知什么时候是个头。后来我知道其实餐桌上没有人真正愿意每天这么陪着，于是我就开始拒绝了，跟大家声明我晚上还要工作，或者我的身体有所不适，大家还是能体谅的，所以渐渐地我为自己争取到了自由支配的时间。

真正的价值观会变成一个人持久的信条，它决定哪些才是值得你花费时间去做的，而哪些是不值得的。明晰了价值观以后，你就会明确地希望自己成为什么样的人，你的人生就有了一种使命感，那每一顿饭局对你来说就都是一种“罪孽”了。

二是确定你的目标和任务。

校长要能判断哪些行为有利于实现自己的目标，哪些行为会妨碍任务的完成。比如说，我难得回一次上海，所以上海有不少朋友约我聊天、喝茶，可是我决定二月份闭门不出，因为我近期的目标是要完成十多万字的书稿。我构思了很久的文字急着喷涌而出，在我现在这个体力最好、精力最旺盛、感受最深刻的年龄，我如果不能把自己关在家里写作却去与朋友们聊天，这是对上天的辜负，于是我决定宁愿辜负朋友也不能辜负老天。

为履行出版合同，按时将书稿交给出版社，我规定自己每天完成三千字的写作任务，外加每天五万字的阅读量。我的任务中是不包括接打手机和刷微信的，于是我每天只在临睡前看一下手机。当我围绕着目标而将任务界定清楚之后，我几乎能做到不受任何干扰地投入工作中。

生命中如果有一些大任务在肩头，人就会变得崇高起来。当别人随意花销他们自己的时间时，我在学习、思考、写作，我的体内怎么能不升起一种崇高感呢？一旦知道自己希望成为哪种人，比如我要成为最好的咨询和培训师，那么这一人生使命和价值观会指导我的行为，从而决定我人生中的其他重要方面的目标，比如我的职业、家庭、信仰、休闲和人际关系，等等。

可是如果你的人生没有长远的和让你自己振奋不已的使命感与大目标、大任务，那么你眼前白费的那些时间，你一个学期、一个季度、一个月、一周和一天的时间费就费了，恐怕你是从来不会心疼的。

三是区分目标任务的先后顺序。

总有一些目标任务比别的目标任务更为重要，而且与你的使命相关性更大。有必要按重要程度对目标和任务进行排序，一个时间管理的高手总是善于统筹安排和平衡生活、工作中的各种活动。人的一辈子要好好经营，一年要好好经营，一天也要好好经营。你该知道什么年龄做什么事，也该知道什么时辰做什么事。

大部分重要的目标和任务都应该在你的控制范围内，为此你应十分理性而且意志品质超群。无论何种情况，除非遭遇到巨大的人生不幸，否则你都要稳住自己的阵脚，始终不乱、井井有条。即使在诱惑和外界强烈的干扰面前，你也要尽力保持你固有的节奏和分寸，你自信地对自己说，“一切尽在掌握之中”。

我在与校长谈时间管理这一话题的时候，心里有些忐忑，说实话，要做到始终很好地掌控自己的工作和生活，确实需要极大的定力。尤其在控制自己的情绪，控制自己的狂妄、躁动、游移等不良情绪方面，是需要使用一些方法来坚持训练的。比如，排时间表这么一件小事就需要长期训练，比如说，我们能不能做到每天晚上将第二天的活动在手机、电脑或笔记本醒目的位置列出来，然后每完成一项就打个钩。刚开始做到这一点并不难，可要真的天长日久坚持下去就难了。所以成功者总是少数意志力强的人。

比列出计划更难以坚持的是为所有的工作排序，如果让你在每周和每天活动的项目边上做上记号，用来标识哪些工作更重要，哪些工作更紧迫，估计你会坚持不了几天。根据“二八法则”（帕累托法则），我们的 80%的活动是无关紧要的，只有 20%的活动才真正创造我们所期望的价值。对一个视时间为生命的校长来说，运用这个法则来调整工作格外关键。要确定什么是属于给你回报最多的那 20%的活动，以及什么是属于浪费时间的微不足道的 80%那部分任务。

著名的时间管理专家艾伦·莱金建议，管理者要想提高工作效能，最好着手做那些很重要却未必紧急的事，而不要立即完成那些既紧急又重要的任务，因为你如果即刻解决这些问题，很有可能产生极好的结果，但也可能引发极糟的后果。我觉得莱金的这个建议属于“金玉良言”，是一种相当有智慧的选择。

艾森豪威尔将军的观点与艾伦·莱金的有些区别，他提出了一个时间管理的原则：对于重要且紧急的突发事件，要管理者亲自、立刻处理；对于重要而不紧急的工作，则要管理者本人花最多的时间去进行战略规划；对于紧急而不重要的工作，要减少所花费的时间，也可以酌情委托给下属去处理；对于不紧急也不重要的工作，则可以不去处理。艾森豪威尔和莱金的观点孰是孰非，我们都去试一试就会知道。总之他们都不主张在不重要的和不紧急的事情上花费时间。

我认为，大凡那些不是很重要的活动，即使很紧急，你也要尽量考虑委托给其他人去做。你要学会去授权和委托他人，事必躬亲只会使那些真正重要的事被无限期地搁置。比如，每个校长都知道教师专业发展太重要了，可是因为校长平时忙于应付那些不那么重要却也许很紧急的事，教师专业发展这项绝对头等重要的大事却被束之高阁了。

不要认为授权给别人是一件不好意思的事，你的下属可能很乐意去做，尤其是有时候这能使他们拥有权力。在授权这方面你不要太吝啬，得给下属一些发挥才华的机会。那些你不想去做但是其他人可能想做的事，那些你不具备能力而其他人有能力做好的事，你尽可以授权和委托给他人。你千万不要不放心，不要认为学校里只有你最能干，别人都会把事情搞砸。即使他们真的不如你，为了今后能轻松些，你也得给他们锻炼的机会。

在你安排好一周或一天的任务顺序后，下一步就是计划你将在什么时间完成它们。要养成为一项工作设定完成期限的习惯，哪怕是小事也要设定期限，否则事情会像橡皮筋一样被拉得很长，没完没了。安排时间进度显然可以帮你节省时间，因为没有时间进度的工作只会让人焦虑和迷惑，而焦虑和迷惑是很浪费时间和精力的。安排时间进度表的另外一个好处就是可以避免遗漏，因为人的大脑常常是不可靠的。在每项任务后面都写上预期完成的时间，这会给你带来一种可控感，这种自我控制的感觉是值得去享受的。

拖延是时间管理的大敌。为确保效率，就要养成立即行动的习惯，不要给自己拖延的借口。不过，也不必把一天的活动安排得过于紧凑，否则你的精力会被工作耗尽，以至你失去一个学校最高领导者应有的神采和从容，你也就没有弹性的时间来处理可能的突发事件了。尽量在一段时间内只安排一项活动，这会让你显得很专业也很专注。人们希望看到自己的领导胸有成竹的样子，喜欢欣赏上司专业的行为和专注的神情，那就做给他们看！

此外，时间进度表要尽量根据人的生物钟来安排。一般到了上午9点，人的精神活性才开始提高，心脏开足马力工作起来，工作由此渐入佳境。到上午10点的时候，精力最充沛，注意力和记忆力达到高峰，大脑处于最佳运转状态，是最好的工作时间。下午1点，人会感到全身疲劳，这时需要休息一下。下午2点左右人的工作效率低下。到下午3点的时候，工作能力逐渐恢复，分析能力和创造力最旺盛。这样的状态一直可以持续几个小时，直到下午5点，工作效率上升到一天里的第二次高潮。晚间9点的时候，人的神经活动增强，这时最适合记忆，你往往可以记住那些白天记不住的东西。

以上我只是说了普遍的、一般的规律，总有例外，比如有的人在早上的时候精力旺盛，而有的人则是夜猫子。你对自己在一天里的生理节律要有所了解，这样的话你就知道哪些重要的活动应该在什么时刻开始和什么时刻结束了。你要知道自己应该何时做什么事情，千万不应把自己当成“消防队员”，当别人因为那些不那么重要也不那么紧急的事而打扰你时，你要学会对他说“不”。

你必须让下属明白什么是尊重。为了显示尊重，你要做出表率，你自己要带个好头，不要为了哪些不重要又不紧急的事而轻易打扰他人。你还要学会“打断”，那些“不识相”的不速之客，在你刚进入工作状态时却跑过来与你侃侃而谈，这时你完全可以有礼貌地、坚决地打断他们。

会议是时间管理的一个重点。校长经常要安排会议，也要出席别人安排的会议，如果是由你亲自召集的会议，你都要先给出一个合理的理由，有些会完全可以站着开，甚至不开。在重要会议上，如果有人跑题，你完全可以有礼貌地、坚决地打断他。

人在某些压力下，容易变得躁动而无法专注于重要活动，于是时间管理就会变得格外困难。为了有效地利用时间，你有必要进一步对自己的压力进行管理。相关建议请接着读下文。

第十八条

笑对压力和烦恼

在与一些年轻校长们聊天时，我常常感觉到他们心事重重、筋疲力尽、魂不守舍，这着实让人担忧。

我在当校长的时候，平时也是“殚精竭虑”、提心吊胆的，总是巴望着可以放假休息。可一旦休息下来，依然不能放松自己，时不时地，心思又被自己拉到学校那些烦人的事情上去了。晚上失眠是一些神经脆弱的校长们的职业病。当了校长以后，你在学校里总是做出和颜悦色、稳坐钓鱼台的样子，可回到家却变得容易发脾气，遇事很急躁，有时会情绪失控，恣意肆行，让家人很难接受。往好里说，这些症状都是责任感强的表现；往糟糕的方面看，你到了要给自己减压的时候了。

说实话，我不那么喜欢上海这座城市。出差到一些边远的小镇，会不由自主地羡慕那里的人们有着悠闲的脚步和自若的神情。现代化似乎总是与快节奏和高压力相关。手机、电子邮件、网络、汽车，这些现代化的东西理应帮助人们提高工作效率、降低生活成本，可是很多时候它们丝毫没有减轻人们的工作负担，反而“绑架”了人们，我就碰到过一分钟不看一下手机就坐立不安的校长。你的工作和生活越是与这些电子产品、现代设备相连，你就越是受它们的摆布。它们在给你提供便利条件的同时，也不幸地为别人随时打扰你提供了便利。

现代化似乎带给人们更多的忙碌，校园原本应该安宁和恬静，可身处其中的人们也是如此的身心俱疲。我们发现，学校的突发事件越来越多，学校会时不时地发生些“意外”。我们发现，上级的指令越来越多、越来越细，也越来越“变化多端”。毫无疑问，那些使校长焦虑的事比以前多得多了。我所认识的校长们普遍抱怨，年底的一个月，光迎接区级以上的各类检查就有十多项，而且检查的结果与全校教师的绩效工资有关，所以每项检查都很重要，迎检无小事。

最让校长们沮丧的是，花费了十分的努力，努力到连自己的家庭都弃之不顾了，可是设定的工作标准就是达不到，预期的结果总是得不到，校长们收获不到任何成就感，于是身心都被疲惫占满了。

一些校长在任职之前，显然把校长这份工作想象得过于美好，对校长工作的忙乱程度缺乏足够的心理准备。我们梦想中的教育应该是“慢教育”，可实际上却不得不应对“快工作”。校长们面临着更快的工作节奏、更大的工作量、更沉重的工作负荷、更长的工作时间、更少可利用的资源、更多的不确定性以及更少的工作保障，而且几乎无处可逃。

有人说，压力可以转化为动力，因为压力可以激发我们挑战自我的勇气，并使人体处于亢奋状态，从而让人可能发挥出比平时更高的水平。当然，这是指压力不过头的情况，适当的压力和由压力引起的适度的焦虑确实对人是有益的，可过大的压力显然足以将人压垮。

因此，压力好像小提琴的一根弦，弦太紧或者太松都不能达到良好的演奏效果。压力不足会令人厌倦、冷漠，会使人懒懒散散，动力不足。我就亲眼见到那些刚退休的校长，他们之前是如此的斗志昂扬，一旦退下来又是如何不堪承受“零压力”的生活的。所以，在适度的压力下人的潜能能够得到更大程度的发挥，而在达到最优压力水平后，进一步并长时间地加大压力，就会超出我们控制压力的能力范围，焦虑将因此产生并耗尽我们有限的精力。

如果人不得不去承受持续过长时间的过大压力，他的工作质量和个人生活就会受到影响。因此，我们要努力将自己的压力控制在合适的范围内，或者我们要设法缓解过重压力，并将由过重压力而导致的不良后果减到最小。

校长们应该如何为自己减压?

第一，要做自我诊断。要学会对自己的压力状况做出客观的判断，因为越早地发现一些不良征兆，人就越可能防止压力感弥散到生活和工作的方方面面，而正是这种不可救药的弥散导致人最后的崩溃。你可以自己诊断一下你的身体状况，自己平时有没有经常头疼、严重脱发、血压偏高、失眠和食欲不振，你的疲惫能不能通过休息很快消除。你还可以自己诊断一下你的情绪，你所承受的过重压力还会从你的情绪上反映出来。比如，你闷闷不乐、消极厌世、厌倦、不满、易怒、气愤、烦恼感、批判、冷漠、无望、抑郁、退却、健忘、迟缓的行动以及缺乏判断力，等等。如果这些症状很明显，而且已持续了相当长的时间，那么你“病”了。

第二，要能辨别压力的来源。只有找到压力源才可能有效地缓解压力。一些压力来自学校外部，比如升学率上不去，招生形势严峻，上级布置的任务根本无法完成，来自各方面的检查评比难以应付，家长闹事却无法平息，等等。还有一些压力来自学校内部，比如你的办公室可能空间太小、空气浑浊、阴冷或者太热；比如你很有雄心，你公开对教职员工做出了承诺，可是后来发现自己力不从心而无法兑现；比如你学校的规模太大，内部结构过于复杂，内部成员的差异很大，无论颁布怎样的决策，总会有人不满意，而那些得到益处的满意者却不会公开支持你；比如虽然你是校长，可是你的角色定位不清晰，或者你的个性特点与校长岗位的要求相距甚远；比如学校领导班子不团结，班子成员公然挑战你的权力，有人试图争夺权力或玩弄权术，或者学校人际关系复杂，内部关系盘根错节，“剪不断理还乱”；比如你有“把柄”被下属抓住了，你受到了明显的制约，这让你不能甩开膀子大干一场，而只能过着提心吊胆的生活。

以上这些压力来自学校，还有一些压力则来自家庭或你自己。那些年轻校长不得不平衡好照顾自己的家庭、孩子与学校工作之间的关系，他们往往顾此失彼，做不到两全。还有一些家庭问题，比如婚姻问题、孩子的教育问题、家庭成员的健康问题、房产问题、家庭财政问题、邻里或亲戚的冲突问题，以及赡养年老父母的问题、家庭变故和遗产问题等，这些问题都真实地困扰着许多人，当然包括校长们。

第三，寻找缓解压力的策略。确认了自己压力过重，并且找到了自己的压力源之后，就要对自己进行有针对性的“治疗”了。据研究，缓解压力主要有两种策略。第一种策略是直接清除或改变压力源。在你不可能清除或改变压力源的时候，就要使用第二种管理压力的策略。这种策略是帮助我们改变面对压力的态度，从而使我们更加乐观和自信。第一种策略指向外部，而第二种策略则指向自己，强调改变自己。

其实，校长们面临的不少压力，其压力源都是很难清除或改变的。因此，压力管理更多地指向于自我管理，与压力的这场战斗，最终的成败还是取决于你自己。下面介绍一下通过自我管理来缓解压力的相关策略。

1. 让自己更顽强，也更有韧性。作为学校的最高领导，你必须拥有比常人更强大的神经系统。一个顽强和富有韧性的人，永远相信自己可以控制自己的生活，相信自己完全有能力解决困难，应对挑战；一个顽强和富有韧性的人，能笑对外部世界的变化，能够愉快地接受不如意，面对不如意能表现出超强的忍耐性；一个顽强和富有韧性的人，拥有很强的自尊和自信，自尊和自信的人往往把成功归因于自身，而把失败归咎于外界的因素，因此他们比其他人更能轻装上阵，心理负荷也较小，也就更抗压。在这方面，精神治疗医师纳撒尼尔·布兰登认为，培养自己正直、言行一致地生活，以为人诚实和信守承诺为榜样，对自己提出的原则以身作则，以及公平仁慈地对待其他人，是一个人一辈子十分重要的修炼。

如果你认为，世间万事都是外界决定的，这会让你无法应付压力感，你常常会在压力面前感到无能为力、束手无策，因此你也将面临更多的压力。只有当你觉得自己才是真正控制自己命运的人时，你才会积极地去应对，你抵抗压力的心理能量才会更大。有时候，能让你感受到力量的，恰恰是最容易做的事情，你要从最容易的事情开始做起，而不是只想着那些大规模的、宏伟壮丽的大事业。你要寻找那些容易突破的小的切入口，先取得一些可见的成果，通过这些小小的成功来增强自己的信心，鼓舞一下自己的斗志。在有了更多成功经验之后，你自然就能充满信心地处理那些棘手的问题了。

2. 寻求周围人的支持。你的同事、伙伴、亲人可以帮助你，在你面临巨大压力的时候，他们能给你安慰和安全的港湾，能够帮你消除不良情绪。你有了倾诉的对象，不至于失去心理上的平衡。

如果你想在你需要帮助的时候有人可以放下一切倾听你的苦水，平时你就要“积点儿德”。平时你就要舍得花点儿时间去建立友谊，花时间去呵护与周围的人的关系，要知道成为“孤家寡人”对一个校长来说是一件很不幸的事。

一些人，比如性格内向的人，在与人交往方面会遇到障碍。性格内向的人往往比较敏感，比较有主见。内向型性格的人，平时可能太自我和太拘谨，于是常常只在内心的自我思考上花费时间，而不是和朋友们在一起。相反，性格外向的人比较容易受外界的影响，他们友善并且更善于表达。外向型的校长其实更加适合处理人际关系方面的难题和冲突，他们对自我和他人的驾驭能力也更强。

不过，即使你是内向型的校长，也不必焦虑，与人更好地交往是可以通过学习和训练来达到的。内向型的校长，要多向外看，多倾听别人的声音，多去揣摩他人而不要老揣摩自己。平时不要老待在办公室，而要四处走走看看，与你见到的每个同事都打个招呼，节假日向你的每个朋友打电话、发微信问候，你会享受到与朋友交往的乐趣的。

3. 保持健康的生活方式。适当的锻炼、饮食和休息能让你维持健康身体和健康心态，而健康身体、健康心态是应付压力的重要力量。有规律地锻炼身体不但可以提高应对压力的能力，而且能增加自信。一个经常锻炼的人，其焦虑、沮丧和敌对情绪比不锻炼的人要少些。平时，还要注意饮食和睡眠。饮食方面，不要过多摄入糖和咖啡。要避免过量饮酒，酒类饮料会使你体内的维生素 B 减少。保持充足的睡眠，你才能始终保持清醒，清醒地和理性地应对你的压力。

4. 学会放松和娱乐。你要习惯每天用 20 分钟左右的时间来放松自己，平时即使再忙也要抽出时间来，在那 20 分钟里什么也不干，只是专注地听你自己的心跳声。瑜伽训练现在已经很流行了，你可以借助瑜伽来放松，或者你可以用别的能帮助你冥想的方法来放松。平时你要参加娱乐活动，即使别人认为你“贪玩”。我当校长时经常去爵士乐酒吧过“夜生活”，为此引来一些非议。可是没有关系，你不是为别人活着的，那些非议伤害不了你。以前人们经常说娱乐是为了更好地工作，我不这么认为。娱乐和工作都有其独立的价值，是并行的两件事，谈不上谁为了谁。有时候，娱乐本身就是目的，纯粹的放松和享受快乐会把你的注意力带离工作，带离一切与工作有关的烦恼。

只要你当一天校长，你就要承受一天的压力和烦恼。既然你愿意，那么能拯救你的就只有你自己了。

以上的十八条建议都是从有利于你进行“自我管理”和提高你影响力的角度提出来的。从下一条建议开始，我们将一起探讨如何进行工作方面的管理，关于如何提高执行力——分析学校、规划学校、组织实施和监控评价等方面的建议，且听我一一道来。

第十九条

理性分析校情

不少地方组织校长们外出学习考察，学习其他地区和学校的先进经验，像洋思中学、杜郎口中学、北京十一学校等，每年都会接待很多来访者。据我所知，上海的一些知名学校每年也都要接待不少这样的学习团、考察团。不过，如果走马观花一番后，回去依葫芦画瓢，照着这些名校的做法去做，我认为这是很盲目的举动，也是有较大风险的。

盲目照搬别人的经验存在风险，这并非危言耸听。近年来国内涌现出一批明星学校，这些学校尤其不可学。一般这些学校都是在创造了升学率“奇迹”之后，经所谓的教育专家学术包装一番后隆重推出，又经媒体放大和神化，而引发人们广泛的关注，它们的那些所谓的经验，其实是不可靠的，因此是不可学的。人们往往对这些学校趋之若骛，蜂拥而去“取经”和“朝圣”，一些地区甚至政府和教育主管部门公开发文，号召当地学校向那些明星学校学习，学习它们的“成功模式”。在我看来，这样的举措十分幼稚，而且十分危险。

我认为，教育领域里的经验，在去伪存真之前一律是不可学的；教育领域里的经验，一旦脱离了环境要素，都是万万学不得的。那些学术包装常常遮蔽了升学率得以提升的真正的原因：延长学习时间、增加教学强度和反人性管理，所以必须严格地去伪存真；那些品牌学校华丽的外表背后也许是强大的地方财政的支撑，是用人民币堆出来的，也就根本谈不上是什么奇迹，所以在真实揭示其环境方面的特别优势之前，这些明星学校也是不可学的。也就是说，在我们决定学习某校的先进经验之前，要全面了解其外部环境，而后将其外部环境与它取得的业绩之间做相关性分析。这样一来，我们便会发现，那些始终没有得到政策特别照顾的名校，才是真正的名校。

从理论上说，教育与政治是各自独立的。它们各自有其独特价值和功能，各自内在规律也不尽相同，虽不至于井水不犯河水、老死不相往来，但保持着相互依存、相互影响的关系，有时甚至发生冲突和争斗，这都是正常和良性的表现。而在我国，教育往往缺乏独立性，教育从属于政治，甚至成了政治的一部分。因此，一些学校的超常规发展在很大程度上与政府及教育主管部门的极力扶持相关。那些获得政治优势和政府支持的学校，显然享有更大的发展权和发言权，也会拥有令别的学校羡慕的资源优势。举全市或全县之力打造一所优质学校，焉有不成功的道理？

从这个角度看，北京的人大附中和上海的上海中学基本上是不大可学的学校。因为它们的行政级别太高，而它们的行政级别不是由它们的规模和质量决定的，而是由它们的上级主管部门决定的。它们上级的行政级别越高，则学校和校长的行政级别越高。而学校和校长的行政级别越高，就能与行政级别越高的官员对话。你是厅局级校长你就有了与厅局级官员接触和对话的机会，那么你的“权势”就将越大。你的权势越大，那么你们学校获得的机会和资源也就越丰富。在国内大部分地区，那些省级重点学校（现在大多改名为“示范学校”了）校长的行政级别甚至高于本地区的教育主管部门负责人。这些学校的校长往往由本地区党委而不是由教育局党委任命，这虽然使得教育局与学校之间的关系有些尴尬，可这些学校恰能因此获得较大发展空间。因此，这些学校怎么能学？

一些地区的教育主管部门比较开明，基本上不干预学校教育教学活动，它们采取“问题导向”的干预模式，即不发生问题则不干预，显然在这样的情况下，这些学校办学更自由。而有些地区的学校则不幸得多，这些地区的教育主管部门采取“结果导向”的干预模式，比如下达“升学率”的指标来干预学校教育教学活动；还有一些地区采取“过程导向”的干预模式，它们直接干预学校教育教学活动的各个环节，使学校不堪重负；更有一些地区的教育主管部门则在问题、结果和过程上均进行干预和限制，学校自主发展的空间无疑受到了“强势政府”的挤压。如果你的学校“不自由”，根本没有什么办学自主权，却要向那些“自由”的学校学习，实在是不可学。

人事权是学校的一项关键性权利，拥有人事权的学校，在发展上会更顺畅。而更多的学校则很不幸，它们根本无权聘用教师，更别奢谈什么解聘教师了。教育主管部门完全把持着教师队伍的配置，可由它们分配来的教师往往并不符合学校意愿。一些“权力人物”利用师资配置的权力将一些明显不符合要求的教师和员工分配给学校，这增加了学校的负担，学校却有苦说不出。所以，那些拥有人事权的学校基本上也不可学。

为增强政府部门在教育方面的权威性，大部分地区的教育主管部门热衷于对学校进行检查评估，其频度和密度高，这给学校造成了沉重的负担。除正常的督导检查外，还有那些与学校关系并不太大的检查评估，诸如党务、档案、学籍、创优、宣传、精神文明、防疫、卫生、安全、廉政教育进课堂、阳光体育、京剧进校园、书香校园等，名目繁多，连正常的教育教学活动都被打扰，这样的学校是不幸的。因此，如果你的学校是这种“不幸”的学校，却向那些置身其外的学校学习，基本不可学。

一些沿海城市的法治化程度明显高于其他地区，政府效能更高些，官员们的行事风格也较内敛和理性，这是经济发展水平和社会文化共同作用的结果，那里的学校便发展态势良好。而有些地区，事实上人情显然高于法律，这成为了学校发展的制约性因素。所以，向这些地区的学校学习，校长们就会哀叹，“没法学”。

对那些明星学校，我们要好好分析它们的“政治”条件，在向它们学习之前要判断一下，它们是不是所谓的“畸形”学校。此外，我们还要分析它们所处的经济环境，那些经济条件优越的学校要比经济条件差的学校发展得快些，这是理所当然的事，因此条件差的学校向条件好的学校学习，你说学什么呢？

一般而言，首都、东部沿海城市、省会城市和经济开发区的经济发展水平较高，学校校舍、设施设备等硬件方面的投入较大，学校运行经费充足，这些地方的知名学校或明星学校也比较多，一般它们都不可学。

经济条件优越，还表现在“师生比”上，就是看一个老师教多少个学生。贫困地区的学校往往一个教学班有七八十个孩子，一些富裕地区则普遍实现了“小班化”，要求贫困地区的学校向富裕地区学习课堂改革经验，你说怎么学？

虽然没有证据表明师生比与学生的学业成就高度相关，但师生比显然影响到教师的工作量。一些师生比大的学校有足够的条件实施小班化教学，而小班化教学可能成为学校的一大竞争优势。师生比过小的学校则往往存在管理困难的情况，也会普遍导致教师兼任不同学科教学的现象，导致教学和管理的专业化程度偏低的情况，直接或间接地导致教师职业倦怠、学习和研究时间不足等问题。所以，师生比大的学校，一般也不可学。

除了政治、经济条件外，对明星学校的社会、文化条件也要做分析。

比如，在我国的绝大多数地区，人们评价学校的主要甚至唯一标准就是升学而不是孩子们的快乐幸福及其他方面的发展。学校如果背离了这一社会价值观，则会受到社会舆论的非议。如果一个地区的居民普遍认为读书是唯一的出路，则学校的办学环境会比较有利，但压力也会很大。发达地区的孩子除了在校学习，放学后父母还会安排其他学习活动，以发展他们的多种兴趣和能力，因此不要轻易认为某校升学率高，就一定是学校的功劳。

最后，那些明星学校所在地区的技术环境也是要去做分析的。比如当地的教研水平高，则对学校发展有利。教研水平主要取决于当地教研机构的实力，教研机构的实力强，对学校教学活动会产生积极影响。据我所知，那些获得较高升学率的地区往往靠着强大的教研部门的支持。教研部门之所以强大，往往是因为它们将主要精力投入在“应考”的研究上，而且使以应考为中心的教学研究成为传统。因此，它们也基本不可学。

再比如当地的科研水平和培训水平会对教育改革和发展产生影响。而当地教育科研和学术机构的实力往往决定着科研水平，北京和上海高校林立，学术资源丰富，学校在科研方面的得益多，这些地区的学校在教育创新方面拥有极大的优势，因此基本不可学。

总之，我们不能被教育报刊上长篇累牍的、夸张的文字所迷惑，也不能盲目听信专家、领导、权威们的推介，更不能被那些明星校长们天花乱坠的忽悠蒙住了双眼。

大家要凭自己的理性来判断：哪些学校是靠着外部赋予它们的优良条件才办好的，那些通过占有更多的教育资源才办好学的学校是缺乏说服力的，是不可持续的，也是不可学的。然后你才知道，去除了这些额外条件之后的，才是真正可学的，那么它们还剩下什么呢？

接下来的建议是关于你向那些真正优质的学校学什么的。

第二十条

为学校发展指明方向

即使两所学校外部环境相似，资源条件也相同，依然可能办出完全不一样的学校。那是因为两所学校可能有不同的教育理想，它们的教育追求不同，导致学校的差异化。学校的理想和追求主要反映在学校的目标上：一是培养目标，二是办学目标。这两大目标决定着学校的发展走向和态势。学习先进的教育经验首先就是要学习先进的教育追求。

学校是培养人的地方，学校培养什么样的人，这是教育的一个根本性的、方向性的问题。校长们办学校和管理学校都是为育人服务的，因此，探讨办什么样的学校之前，就一定要讨论我们到底要育什么样的人的问题。

每个年度和学期，学校都要制订工作计划。对校长来说，分析学校环境，制定工作目标，组织实施计划，对实施情况进行监控和评估，这些工作日复一日地在开展，这些工作其实是考验校长“执政能力”的技术性工作。

在开展这些技术性工作之前，你总是要拿出你的目标。也就是说，要制订出一份好的工作计划，这份好的工作计划首先就要定义学校目标，而后是制订一个全局战略，最后才是设计一些可行的方法来整合与调节必要的行为。工作目标是其他所有计划活动的基础，而计划又是为目标服务的，因此，在计划的开端就要向教师们讲明白，学校要培养什么样的人，我们应该将学校建成什么样的学校。

校长在提出学校的培养目标和办学目标时，不是随意的，而是理性的，所谓理性的，就是要有依据，而不能凭空而来。那么，要提出培养目标和办学目标，我们应该到哪里去找依据呢？

我建议从三个方面去寻找依据：一是国家和地区的规划文件，比如教育部新近发布的《中国学生发展核心素养》、“十三五”规划等；二是校长的办学思想和教育思想，思想非常重要，这在第一部分的建议中已经谈过；三是学校愿景，在制定具体目标之前，学校要明确办学方面的总的思想观念，并在愿景方面达成最大范围的共识。

这里，我要谈谈愿景对形成目标的重要性。

什么是愿景？愿景是学校“所向往的前景”，是学校介于信仰与目标之间的中期追求，类似于人们常说的理想。愿景比信仰低一层，因为信仰通常是永恒不变的；愿景比目标高一层，因为目标通常是短期的，而且目标是愿景的具体化。

愿景是全校教职员工愿意为之奋斗和希望达到的图景，它是一种意愿的表达，概括了一所学校的未来目标、使命及核心价值。对个人来说，愿景就是个人在脑海中所持有的意象或景象；对一所学校来说，愿景则必须是学校全体成员共有的，共同的愿景就是学校成员所共同持有的意象或景象。

我认为，愿景是学校办学理念和教育思想体系中最核心的内容，有必要用诗意的语言将愿景勾勒出来，呈现在所有人面前，以激励和感召大家。这里选几所学校的愿景供大家欣赏和借鉴。

我们先来看武汉一所知名小学——红领巾小学的愿景：

红领巾，一个飞扬的名字。这里，每个人的梦想都长出了翅膀。人们沐浴在美的波流中，心胸被爱照亮。

红领巾，一个诗意的名字。这里，人们感受艺术，思索美的真谛。人们因为不受恶俗纷扰，而过上灵动的生活。

红领巾，一个迷人的名字。这里，人们欣赏和创造，美无处不在。在如此动人的美丽中人们懂得了敬畏而终于变得崇高，心灵是如此超凡脱俗。

红领巾，一个坚实的名字。这里，留下一串串足迹，从稚嫩的歪歪扭扭，到如此成熟的完满、和谐和清晰。每个脚印就是一个动人的故事，每个脚印都印着美好的学校故事，而放出独特的光辉！

哦，红领巾！你是一个响亮的名字。只要有红领巾在心头飞扬，就会有激昂的生命在自由歌唱！

再看上海一所知名中学——进才实验学校的愿景：

这是一所充满理性精神的现代学校。

在这里，人们不是为了学会相信，而是要学会思考；人们将自主和独立判断看得比特定知识更重要。因此，他们不盲从，他们求真而质疑，他们甚至成为自身思考方式的批判者。

在这里，人们克服了自我中心，而成为一个公正的思考者。他们保持了敬畏和感恩之心，他们有勇气而又能换位思考，他们真诚而执着，他们总是在想“如何才能正确地理解所面对的问题”以及“如何才能以有效的方式行动”。因此，在这所学校，我们常常看到人们以交往互动来增进理解，并在行动上达成一致。

这是一个思考者和学习者的共同体，因为人们相互尊重和宽容而离真理很近，很近。

再来看我为浙江嵊州越剧艺术学校撰写的愿景：

越乡，一片奇绝的土地，一派灵秀的气息；镜湖水，耶溪女，发祥那美轮美奂的艺术。

越剧，一个百年的剧种，一种清悠的风韵；嵊州音，小歌班，孕育那争奇斗艳的百花。

越女，一朵绚烂的夏花，一段脱俗的故事；山河恋，丹桂香，书写那荡气回肠的篇章。

越校，一本厚厚的曲谱，一份沉沉的嘱托；书卷气，琴与瑟，汇聚钟爱者的力量，去延续那生生不息的美丽。

好的学校愿景是把大家心灵深处的共同的意象挖掘出来，并进行“诗意化”的凝练。建立共同愿景不是对某一具体问题的回答，也不是一种形式化的东西。愿景要解决的问题是“我们为什么存在”“我们要创造什么”“我们的梦想是什么”这类大问题。

在建立共同愿景之后，接着就可以回答培养目标和办学目标的问题了。要用书面形式将我们的追求明白无误地表达出来，因为书面表述其实是一种公开的承诺，对外是表示学校决心的一种方式，对内则为绩效评价奠定了基础。

有的校长认为，不必设定什么培养目标，教育方针不是已经明确“全面发展”了吗？而且国家也提了核心素养，学校再提培养目标就是多此一举了。我不这么认为。好的培养目标应该在国家提出的核心素养的框架内，具体地描绘本校毕业生与其他学校毕业生的区别，并彰显本校对教育的理解和追求。培养目标是揭示本校培养的学生与其他学校学生的差异性的，因此表述上要有本校独特的追求，要避免雷同。培养目标是为未来做准备的，因此在酝酿培养目标时要面向未来，尤其要结合未来社会对一个完整的人所提出的新要求。

比如，北京师范大学大兴附属中学提出，他们致力于培养“心有静、行有度、学有长的优秀毕业生”；无锡的华士实验小学的培养目标是“做优秀的世界公民和永远的中国人”；淄博信息工程学校希望他们的学生成为“技能超群、情感充沛、灵魂尊严的创业者”；上海的进才实验学校要培养“情感充沛、理性见长”的学生；武汉的吴家山第三小学宣示，他们的培养目标是“矫健的身姿、敏捷的思维、美好的心灵、自如的交往”。

下面来谈谈办学目标。应该先有学校的培养目标，然后才有办学目标。正确的逻辑应该是：为培养出我们所期待的优秀毕业生，学校要提出办学方面的目标。这里有这样一个逻辑链条：办学理念和教育思想——学校愿景——培养目标——办学目标——战略目标——工作目标。因此，一个好的办学目标应与思想理念、愿景、培养目标保持高度一致性。

在制定办学目标时，我们不能将办学目标与办学定位混淆起来。比如“争创一流学校”“创建示范性学校”之类的表述都不能算是目标，而是学校的一种定位。发展定位是学校对自身的质量或形象在大众脑海里的一个合理位置的预期，是学校对外在价值的一种追求。

定位是由著名的美国营销专家艾尔·列斯与杰克·特罗于 20 世纪 70 年代早期提出来的。当今社会人类遭遇了信息泛滥，到处都给人眼花缭乱的感觉，这几乎把消费者推到了无所适从的境地。于是企业对现有产品进行外部的改造，比如改变名称、价格及包装，以使人们更方便地识别，这就是定位。因为定位实际上完全没有对产品进行任何改变，只是对外表做一些修饰，所以定位技术显然不适合一般的公办学校。

在我看来，“一流”“重点”“示范”“特色”之类的词语可以用来表述学校定位，对学校招生和扩大社会影响力有益，但是这些定位明显存在着功利化倾向，因此不适合用这些缺乏教育学含义的词句来表达办学目标。

以下是我认为写得比较好的办学目标：淄博信息工程学校的办学目标是“思想敏锐、专业精良、值得尊敬的创业者共同体”；济南章丘实验小学提出要将学校办成“环境友好、专业精良、效能卓越的优质学校”；浙江省教研室附小的办学目标是“以精良的课程与教学打造负责任的高效能的现代学校”；武汉吴家山第三中学的办学目标是营造“师生快乐成长的精神家园”；武汉东西湖区实验小学的办学目标是“实验领先、专业精良、质量优异的探究共同体”。

在确定培养目标和办学目标之后，接着就可以定义学校的战略目标和具体的工作目标了。关于战略目标在接下来的建议中还会阐述，这里主要强调每学年度和每学期具体的工作目标的撰写方法。

相比培养目标、办学目标和战略目标，年度的和学期的工作目标在表述上应该更具体和细致。严格地讲，有效的工作目标应具备五个特征，可以通过其英文首字母组成的SMART来记忆。

SMART目标是指具体的(specific)、可衡量的(measurable)、一致的(aligned)、可实现的(reachable)和时间限定的(time bound)。“具体的”是指目标是很明确的，如果目标是模糊的，就容易引起歧义，目标效度会下降；“可衡量的”是指目标是否最终实现是可测量的；“一致的”是指目标应该有助于实现学校的思想理念、愿景、培养目标、办学目标和战略计划；“可实现的”是指目标必须切合实际，目标过高会让人感到沮丧，容易让人放弃；“时间限定的”是指目标应该在具体的时间限定下完成，没有时间限定的目标可能因为缺乏紧迫感而被人们忽视。

现在，如果你去一所知名学校参观，你应先静下来细细品味学校的管理者阐述他们的思想理念、愿景，接下来你要关心他们的目标——培养什么样的人和办什么样的学校，而后考察他们的具体工作目标，年度的或者学期的，特别重要的是，你还要考察这些目标之间的一致性。我所见过的大多数学校，他们的理念是悬空的，变成了空洞的口号，主要原因就在于这些理念并未统领学校的目标体系。

那么，有了目标系统之后，怎么有效实施呢？在接下来的建议中，我们将讨论目标如何才能得以实现。

第二十一条

打造独具特色的课程产品

什么是真正的名校？

学校出了几个有知名度的人，或者创造了若干引人注目的事件，充其量叫作“知名”学校而不是名校。真正的名校是那些打造出设计精良，并能很好地为培养目标服务的课程体系的学校。在这里我要给大家打个也许不那么恰当的比方。我们要开一家饭店，要使这家饭店成为知名饭店，就要扩大知名度，而要有知名度，光做广告和搞打折促销活动是不够的，要成就一家老字号的百年老店，一定要有独门功夫。而独门功夫一定要在菜肴上呈现，而不是靠几个特级厨师或搞几段令人印象深刻的广告片。

在这里，为了方便大家理解，我将学校与饭店相比照，将学校课程与饭店的菜肴相比照，虽然不那么恰当，但非如此不能显现学校课程的重要性。

这里需要特别澄清一下的是，学生不是学校的“产品”，学生是我们的特殊的服务对象，学校用来培养学生的课程体系才是我们的“产品”。长期以来，我们将学生视作我们的产品，似乎我们可以随意地“塑造”他们，因为认为他们是我们塑造的对象，所以我们也就很难与他们建立平等的关系。学生为什么不是学校的产品呢？我们设想一下，如果学生是我们的产品的话，出了次品是不是要召回或者“销毁”呢？就要像丰田汽车那样，因发生了“刹车门”事件而进行全球召回？把学生当成学校的产品，那是制造业的概念，但我们早已将教育理解为服务性行业，教育本质上是一项通过提供课程产品而促进学生发展的事业。

如果我们将课程视为学校产品，那就要围绕着学校培养目标，致力于学校课程产品的开发和改进，可是我发现好多学校在课程建设前，还未充分重视培养目标的设定。学校培养目标的缺失，使得学校课程缺乏统领，变得零散而随意，这样也就不可能形成独具特色的课程体系。

有校长朋友们说，国家已经有了课程改革方案和课程标准，学校何必兴师动众地设计学校课程呢？我认为，学校必须做好课程的校本化工作，那是因为我国的课程改革方案和标准都是试行的，而且还要“试行”下去，既然试行了那么多年了还在试行，就说明这个方案和标准还很不成熟，所以允许你大胆地尝试各种新的可能。

在这里，我还要澄清一下“学校课程”的概念。学校课程是指学校基于国家及地方课程标准，并根据本校的培养目标及学校发展的特点而制定的学校执行标准，以及在这些前提下形成的课程结构与内容体系。这一结构和体系还包括学校设置的各种特色科目及选用、增加的特色内容。

学校课程不是也不应当是国家课程及地方课程的复制，也就是说，学校课程不是也不应当是学校原封不动地执行国家课程及地方课程。学校在课程中所执行的标准既渗透着国家课程和地方课程标准，又蕴含着学校对那些标准的合理选用、重新组合和适度调整。学校的课程结构既反映了国家课程与地方课程对课程结构的指导原则，又体现了学校对课程结构的一定程度的主体设计。

一个好的学校课程方案要反映学校的自我追求，这些追求具体体现在方案的各个方面：学校课程理念，课程目标，课程设置（课程结构、课程设置及其说明），学校执行的课程标准与教材要求，课程评价，课程的实施，管理与保障等。

我认为，要做出这样一份方案，需要全校上下持续多年的努力，为此有条件的学校最好设立课程方面的专门部门，并充实课程方面的专业人才。比如 2003 年，我在北郊学校设置了一个部门——课程与学术办公室，并派出30位教师接受华东师范大学课程研究所为期两年半的硕士课程班培训学习。我们给课程与学术办公室设置的工作职能是：编制学校课程标准、选修课程指导纲要，组织各教研组对相应学科的课程标准进行修订；制订课程方面的培训计划，为教师提供进修与学习的机会，促进教师的专业成长；推动课程改革，帮助教师依照“课程手册”实施课程内容；组织排课（包括列课表），协调教学岗位安排；组织课程研究和教学研究以不断提高教学质量；编订教研活动指导意见书；组织、选择或定购教学资料和工具；协调或评价关于学生发展所需要做的全面性调查等。

我想，在学校课程建设方面，校长未必要成为课程专家。你可以聘请课程专家，或者培养本校教师成为课程专家，让他们去做具体的设计和开发工作，校长要努力成为课程领导者。作为课程领导者，你有以下基本职责和主要任务。

1. 课程决策。校长要对课程目标的制定、课程内容的选择和组织、课程的实施与评价以及课程的改革走向负责。

2. 课程组织。校长要通过建立组织机构，分配课程领域人员及组织的责任和权限，制定课程实施的规章制度，协调课程实施中的各种关系，把各种力量尽可能地组织到实现课程目标上来。

3. 课程引导。校长要对课程建设的情况进行监督和检查，这要求你随时掌握信息，及时发现实施过程中的问题，分析出现问题的原因，采取恰当措施给予引导与矫正，确保课程实施的正常运行。

4. 教师培养。校长要努力使教师成为课程专家，使他们能有效地改进课程，追求优质课程；要使他们掌握课程开发技术，并能开设校本课程。

在实践过程中，我感觉在课程领导方面，校长们会遇到两大关键问题：一是教师们的课程意识问题，二是全校的课程实施问题，这两个问题可能影响到学校课程建设的成败。

首先是课程意识问题。教师们课程意识淡薄是课程建设的一个亟待突破的瓶颈。明确的课程意识支配着教师的教育理念、教育行为方式、教师角色，乃至教师在教育中的存在方式与生活方式。没有明确课程意识的教师，总是把课程视为一种“法定的教育要素”“法定的知识”和不可变更的系统，并在课程系统面前无所作为。校长如果能很好地解决课程意识问题，就很了不起。

那么，为什么教师的课程意识不强呢？我认为这是“结构性无能”造成的。所谓“结构性无能”，主要是指教师本来是很有创造力的，至少刚走上工作岗位的时候是很有朝气和活力的，可是渐渐地他们变成只会执行指令，按指令行事的机器了，究其原因不在于教师本人的变化，而是学校这一保守的组织，通过一系列压抑创新的方式，使人变“傻”了。因为教师没能成为课程的主体，他们事实上没有被授予课程权利，甚至因不能拥有法定的教学权利而不能成为教学的主体，所以他们的课程意识淡漠。侵犯教师课程权利的人是谁？当然是以校长为首的学校管理者，如果校长非但未成为教师课程权利最直接的维护者，反而出于自身发展或升学指标等利益的需要，“合法”地蚕食着教师的课程权利，他们的课程意识从何而来呢？

其次是课程实施问题。要完成学校课程设计，自己缺少能力，请专家来帮忙就行。可是，设计好的课程却没有实施的时间和空间，怎么办？不少校长感叹，学校课程表都排满了，“上头”今天规定什么什么很重要，要进课堂，明天又规定什么什么也很重要，也要进课堂，只见到往课表里塞的却没见从课表里减的。一张课表一共才几个空档，哪里容得了安插学校自己的课程？

对此，我认为，还是要在教学里动脑筋。教学是课程实现的主要手段；课程方案的实施，教学是关键。相关建议请看下一条。

第二十二条

尊重教师的教学经验

再伟大的课程改革也只能是改善、改良而非革命。

课程方案的实施、课程目标的实现都是要靠教师来完成的。而教师并不是一张供课程专家随意涂抹的白纸，教师目前固有的教学方式虽然从表面上看似乎不那么符合课程改革要求，甚至看上去是“老土”的和“落伍”的，可是我们绝不可以轻易地否定教师，一味地批评教师不思进取是毫无意义的。

有了好的课程方案，却没有过硬的实施能力也是枉然。当前的课程改革之所以不能很好地将“意图课程”转化为“实施课程”，并进一步转化为“结果课程”，是因为我们过于依赖自上而下的行政推进。我们明显忽略了一线教师的课改主体作用的发挥，那些自下而上的改革冲动不仅没有释放出来，反而受到了抑制。我们一方面要依靠教师搞课改，另一方面却瞧不起他们，甚至把他们当成课程改革的对立面，这实在有些匪夷所思。

在传统的自上而下的课程开发模式之下，教师处于权力结构的最底层。他们的课程职责就是执行国家的课程指令，遵从学科专家编写的教材、教参和教学要求，教师的角色只不过是“教书工匠”“教学机器”，这扼杀了他们的创造性。为发挥教师在课程建设与课程实施方面的积极性和创造力，我认为当务之急是学校的环境建设，也就是要创设有利于学校课程建设的良好氛围。在这方面，学校内部组织结构的变革是关键。学校内部组织结构的变革其实就是学校的权力再构，而权力再构，就是要让教师、学生、家长以及社区人士分享课程和教学方面的决策权，以改变原有的自上而下的决策模式。课程建设不仅要打破自上而下的权力模式，而且要打破学校内所复制的社会权力结构及官僚体制。所以，在我国，课程改革和课程的有效实施，在我看来其实质就是行政官员和校长们在“向自己开炮”。

我认为，校长在课程和教学方面一定不要过于狂妄，以为自己听了几场专家报告，学了几条新理念就有资格对教师发号施令了。相反，我们要十分尊重教师既有的经验，他们的经验过去支撑起了学校一切的教学活动，今后还将支撑下去。他们现有的经验是一堂课一堂课磨砺出来的，也是一次又一次交流、研讨出来的，更是一代又一代人通过口口相传继承下来的。如果说学校还有什么最宝贵的东西，那无疑就是教师的经验了。正是这些经验成为一名教师安身立命的基础，也正是教师们共同的经验成为一所学校继续安身立命的财富。鄙视教师经验就是在挖学校自己的墙角。

有时候，经验并不是那些从国外引进的新理念、新理论、新名词可以概括的。也就是说，我们很难用所谓“学术语言”来阐述教师们的经验——那些生动活泼的教育场景和心理活动，一旦你试图去总结出个一二三条来，就会感觉自己词不达意、力不从心。有些经验即使被干巴巴地总结了出来，可是也很难回到实践中去解决教师们的现实问题。我真心地号召书斋中的专家教授们挪挪你们的屁股，无比虔诚地、老老实实地坐到课堂里去，用你们的眼睛、用你们的心去发现那一堂堂再平常不过的课，好好地将教了几十年书的老教师们的经验发掘出来，让经验的冰山浮上水面比你们写一本连你们自己都不会读一遍的教科书强多了。

根据老教师们过往的经验，一堂上乘的好课必须“管用”，换个时髦的说法就是课要“有效”。所谓“有效”不就是教学结果要“好”而教学过程要“快”吗？这就叫作“又好又快”。至于热热闹闹和精彩纷呈，当然也不错，但首先要符合“管用”这一标准。

那什么样的教学是最管用和最有效的呢？

适合的才是最好的，比如鞋子，最好的那双并不是最先进、最华美和最昂贵的，而是最合脚的。那些与孩子们朝夕相处了几十年的教师们才最有资格宣告哪些方法适合，而哪些方法听起来像天方夜谭。

一些功利性特别强的校长急于搞出点儿名堂给急于求成的上级领导们看看，精心“炮制”了某种教学模式，然后千方百计地认证这一模式的科学性，认证这一模式如何如何符合课程理念以及如何如何有效，而后在全校自上而下地强制推行。我认为这是“学术霸权”的行径，也是对教师经验的侮辱。

那要不要在学校推行某种教学模式呢？让我们先来看一下教学模式的定义。一般认为，教学模式是“在一定的教学思想或教学理论指导下建立起来的、较为稳定的教学活动的结构框架和活动程序”。乔伊斯在《教学模式》一书中这样定义：“教学模式是一种可以用来设置课程（诸学科的长期教程）、设计教学材料、指导课堂或其他场合的教学的计划或类型。”既然教学模式是一种“类型”，可见教学模式具有相对的类型化、稳定性和程序化的特点。从这个意义上说，教学是有模式的。但每种模式都有其适应性，学校不同年级班级、不同学科、不同执教者，却使用同一种教学模式，那不是教条主义是什么呢？

那么到底有哪些教学模式呢？总结下来无非以下这样一些种类。

1. 传授—接受式模式。这一模式的理论依据是赫尔巴特的四段教学法（明了——联想——系统——方法），后来他的学生把这一模式发展为：预备（引起学生对新教材的兴趣）——提示（介绍新教材）——联想（结合新的观念进行分析比较）——总结（从新旧观念的联想中得到结论，形成原理、法则和规则）——应用（把已学得的知识用于实际）。这一模式的特点是教师能充分发挥其主导作用，控制课堂教学，学生在单位时间内能获得大量的知识信息，但处于相对被动的地位。这是目前中小学教学中运用最广泛的一种模式。

在这一模式的基础上，后人又研究和派生出几种子模式，如“传授—启发—接受模式”“传授—讨论—接受模式”“传授—练习—接受模式”等。

2. 自学—辅导式模式。这一模式的理论依据是卢仲衡教授的《自学辅导教学论》。这一模式注重培养学生的自学能力和习惯，体现了教育的终身性，以适应学生的个别差异，因此对学生的主体地位更为尊重。

3. 引导—发现式模式。这一模式的理论依据是杜威的教学理论，强调以问题解决为中心，注重学生独立活动，着眼于创造思维能力和意志培养，使学生通过观察、体验、分析、判断来发展归纳、推理能力，掌握探究思维的方法。

4. 情境—陶冶式模式。这一模式的理论依据是暗示教学理论，强调通过情感的陶冶，充分调动学生无意识心理活动的潜能，使其在思想高度集中、精神完全放松的情况下进行学习，以保持最佳的学习状态。

5. 示范—模仿式模式。这种模式适用于以行为技能为目的的教学。

6. 集体教学模式。这一模式的宗旨在于将“静态的集体”变为“动态的集体”，为学生提供充分表现自我的机会。此模式重在充分调动学生学习的积极性，有助于普遍提高学生的学习成绩，促进学生集体观念的形成和个性发展。

我认为，当前不少学校研制的所谓教学模式，其实都是上述六种模式的变形或发展。每一种模式都有其理论基础和价值追求，也各有利弊。没有一种模式是适合所有场景的，每一种模式都可以有许多变式，具体怎么变，是由具体的教学目标，课题性质，学生水平，教学条件，教师的教学能力、经验、风格等灵活决定的，因此这些模式是不能机械搬用的。

作为校长，我们要将这些模式展示给教师们看，甚至通过集体教研活动让他们一起来演习，但是这么做的目的不在于用行政力量强制推行它们，而在于帮助教师做出理性选择，在何种情况下使用哪一种或哪几种模式更合适，这个决定权应该还给教师。

校长们和专家们不要像导师那样对教师谆谆教诲和告诫，而是要与他们一起学习，和他们一起反思，使他们的教学行为更具理性，也使他们学会更快地、更合乎逻辑地提取自己的经验。真正帮助教师改善教学的是，校长和课程专业人员有能力对教师教学中格外有效的部分做出富有学理的解释，而不是灌输某种理论或强制推行某种模式。

下面略做一下总结：课程方案要得到有效实施，而课程实施的关键是课堂教学领域，提高课程有效实施的能力，关键看教学。

校长们在指导教师通过课程实施提高能力时，要充分尊重教师原有的知识经验，而后用教师们能听懂的语言，细致地分析和解释他们的课堂教学与学校课程方案的相关性，指出他们教学的哪些方面符合学校的“意图课程”，哪些可以商榷，这才是学校课程有效实施的不二法门。

为了能更好地让“实施课程”与“结果课程”相一致，校长要引导教师们思考，学生是怎么学会的，学生是否学会了，这是检验教学是否有效的试金石。相关建议请看下文。

第二十三条

将学生的学习作为关注的焦点

关注学生学习，这是一个老生常谈的问题了。我的这本书是给校长的建议书，按理不应该在这里再花费时间谈教和学的问题，但教学是一所学校的技术核心，如果这个话题没有谈透彻，接下来谈教学管理也会缺乏共同的标准，所以还得费点儿篇幅谈一谈。

在上一条建议中，我们提到没有最好的教学，只有最适合的教学，而最适合的教学就是那些能很好地促进学生学习的教学。好的教学应该能促进学习，可是什么是学习？有三种心理学试图向我们解释学生的学习，在这里我们一起温习一下。

一是行为主义心理学。这种理论强调学习是学习者在行为、技能和习惯上的可观察的变化。在行为主义者看来，学习是一种由与心智或内在思维过程几乎没有任何实质关系的经验所引起的行为变化。于是，教师就要强化那些能引发学生的行为变化的因素。强化包括正强化和负强化，总之，行为主义者认为，强化能有效地加强我们所期望的学习行为。除了强化以外，教师还要运用惩罚手段，惩罚意味着减弱或压制行为。一种受到惩罚的学习行为在未来的类似情况下重复发生的可能性小。

平时我们常常表彰优秀学生，批评或处分有越轨行为的学生，如何运用表扬和批评更为有效，行为主义心理学给出了很多很好的建议。另外，如何在教学过程中通过暗示、提示等方法诱导学生端正学习行为，行为主义心理学都做了细致而有意义的研究。

二是认知主义心理学。这种理论强调学习就是学习者一系列内在的心智活动，包括思考、记忆、创造和问题解决等。认知心理学是目前教学中运用最广泛的一种心理学。有越来越多的证据表明，人们的学习不只是对强化和惩罚做出简单反应，学习是一种积极的心智过程。

人是如何记忆和遗忘的？这是认知心理学研究的主要课题。认知心理学家对知识的分类也很有见地，他们把知识分为五种：普适性知识（应用于各种情形的知识）、专门化知识（与具体任务或学科有关的知识）、陈述性知识（可以用语言表达的知识）、程序性知识（知道如何做事的知识）、条件性知识（知道什么时候以及为什么运用陈述性和程序性知识）。这些分类不仅能指导我们的教学，对如何促进教师的专业成长也很有启发。

此外，认知心理学研究我们到底是如何记住和学会这五种知识的。他们提出了“信息加工模式”这一假说，认为人脑和电脑是相似的，学习是一个“刺激——感觉记忆——短时记忆（临时储存）——学习（保持）——长时记忆（永久储存）——再现（回忆信息）”的过程。

为使这个过程顺利展开，教师要有效地激发学生的注意力；为使学生完成“短时记忆”，教师要帮助学生有效地复述和将信息分解为若干个有意义的单元；为使学生完成“长时记忆”，教师要运用“映像”（信息的结构与表象在视觉感知基础上的再现）和“图式”（建立一个反映知识脉络的模型）等方法；为使学生永久地保存信息，教师就要帮助学生将信息加工得更为完备；为使学生最终从长时记忆中激活和检索信息，教师要提高学生的元认知能力，在这方面，学生规划、监控和评价（反思）学习是三项最重要的认知技能。认知心理学的所谓“学会学习”，强调的就是提高学生的“元认知技能”，他们认为这种技能是可以传授的。

三是建构主义心理学。这种理论认为学习者的学习其实是在主动建构他们自己的认知结构，于是他们强调学习者在个体和社会活动中的意义与学习的重要性。有两种类型的建构主义：一是心理建构主义，二是社会建构主义。

心理建构主义的代表人物就是大名鼎鼎的皮亚杰，它研究个体的知识、信念、自我概念或同一性。这派理论关注人们的内在心理生活，以及个体如何建构他们的认知或情感结构与策略。社会建构主义的代表人物是维果斯基，就是那个提出“最近发展区”的杰出教育家。这派理论认为知识是在社会中建构起来的，我们学习的内容与学习它的情境是相连的，知识是在参与者的共同努力与建构基础上构建起来的。

当前世界各国的课程与教学标准，大多是以建构主义的假设和方法编制的，因此建构主义心理学显然是最时髦的学习理论了。

因为三种学说对学习的解释不同，所以它们提出的教学原则和方法都不尽相同。

行为主义心理学指出，我们在教学中要给予学生明确而且系统的表扬；要将学生的成功归因于努力和能力以培养信心；要以学生认为有价值的方式来确认积极行为；在学生学习新材料或新技能时应给予大量强化；要设定清晰具体的目标以明晰要强化的内容；要尽量减少对学生的惩罚；等等。这些教学原则至今散发着真理的光彩。

我们传统的课堂中所运用的大多数教学方法，都直接来自行为主义心理学，因而被批评的也最多，比如目标教学、掌握学习、直接教学等。现在我们常说的教学要“天天清、周周清”“没有教不会的学生”等都是行为主义心理学的成果。

认知心理学也提出了不少有用的教学原则。比如，要确保吸引住学生的注意力；要帮助学生在新信息与已有的知识之间建立联系；要让教学对学生有意义；要使教学与生活相联系，给学生提供运用口头故事与视觉映像的机会；要重视理解，切忌死记硬背；要教会学生学习，比如记忆术、下画线或者突出标志、记笔记、画概念地图和知识树等。

再来听听建构主义是怎么说的。他们认为，教学中要尽量使用原始资料与最初的资源；要营造思考与问题解决的环境；要重视课堂中的自然生成，减少预设，要坚持以学生的思想与反应作为课堂的驱动力；要鼓励学生与教师、其他同学进行对话；要鼓励并支持学生进行主动与自主学习；要将激发学生去发现作为教学的首要使命。

建构主义的教学方法主要有探究性学习、基于问题的学习、认知学徒制和合作学习。那些在公开课中获奖比较多的大多都运用这些“先进”的方法，虽然在传统课堂和“家常课”中我们并不常使用它们。

以上我花了不少篇幅来温习学习的基本原理，我认为熟知学习原理对校长很重要。那是因为要抓教学，学校就要拿出自己对学习的解释。在这种解释获得教师们的认同后，校长才能提出大家普遍接受的学校的教学原则和教学标准，并将其作为教师教学的指南和进行教学评估与反思的依据。

校长应创造条件帮助教师选择他们认为合适的教学方法。在上一条建议中，我特别强调好的教学就是最适合的，教师只有深切地理解了什么是学习，学生的学习是如何发生的，才可能寻找到合适的方法和模式。也许真正适合的方法恰恰是看起来已经老套的，由行为主义心理学而不是建构主义心理学提供的原则和方法。

毫无疑问，教师在教学中是会考虑成本和收益的关系的，他们会做出改变，如果他们确知这些改变能给自己以及学生带来益处。

只有教师们确知，学生如欲掌握某方面的专业知识就必须进行大量练习，教师们才可能增加学生进行课堂练习的时间，而不是一味地讲授。

只有教师们确知，有效的学习要求学习者积极、建设性参与，教师们才可能去创设一个充满情趣并具有一定挑战性的学习环境，以调动学生积极参与。

只有教师们确知，当学生认为所学知识对他们有意义时他们才能进行有效学习，教师们才可能针对真实的情境来设计教学活动，从而使教学变得更有意义。

只有教师们确知，学生已理解并已接受的知识是学习新知识的基础，教师们才可能在开始教授新课之前与学生讨论已学内容，以激活他们的前知识。

只有教师们确知，有效的学习更注重理解而不是记忆，教师们才可能经常让学生用自己的语言解释某种现象或某个概念，而不是由自己一讲到底。

只有教师们确知，学生的个体差异受到教师关注的情况下，他们就可能取得最佳的学习效果，教师们才可能辨别学生在性别、家庭和社会背景、发展水平、学习风格、学习能力、人格等方面的差异。教师能够取得教学成果，很大一部分原因是他们关心学生，能适应学生的多样化。

校长的工作中，一项重要的内容就是要让教师确知这些教学的知识，并努力促进教师行为上的变化。

校长如何才能帮助教师认识到学生的差异，在成本控制的前提下，使教学适应学生的不同背景和需要呢？在下一条建议中，我们一起来讨论。

第二十四条

欣赏多样性和差异性

我们往往偏爱统一一律的事物，对整齐划一情有独钟，这种审美观往往会导致我们倾向于专制和强制。这里我显然是要建议校长们学会欣赏多样性，这个世界因为多样而精彩纷呈。也许正是那些看上去“另类”和“离经叛道”的人才是真正值得去珍视的。

即使从庸俗的和功利的角度看，多样性也无疑增强了学校的实力并带给学校未来以无限的可能性。仅从学业方面来说，教师们只有努力适应学生的多样性和差异性，才能使学生的学业成绩获得更大的进步，这将提升学校的竞争力和社会声誉。

下面，我先从管理角度谈一谈重视教师的差异性问题，再谈一下教师适应差异性学生的问题。

学校里的每个教师都是不同的，而年龄、性别、经历、人格特征、智力或体能、价值观等内在的差异性会对每个教师的职业生涯产生影响，正是这些差异塑造了一个教师的自我形象和世界观。对校长来说，由此带来的挑战就在于能否认识到管理方面的一条相当重要的准则——每个人都能为学校和教育带来价值与力量。如果漠视教师差异性的存在，以自己的喜好为标准，不能宽容对待教师，校长们就不能建立起真正的学校共同体。如果校长对多样性管理不慎的话，这就必然会引发不信任和沟通障碍，甚至对你的权威构成挑战。

研究表明，不同性别、社会背景、智力类型和经历的人聚在一起，能更好地促进改革和创新。那是因为，如果教师们认为他们的个性差异不仅被校长和管理层所接纳，而且还得到了赏识，他们就会更加忠诚于学校，他们的工作也就会更有效率，他们的潜能才能得到更大程度的发挥。

重视教师的多样性，做校长的要带头克服偏见，创造一个能使每个教师都感觉自如的环境。为此，校长应：首先，要保持公平和公正。尤其在晋升和奖励机制中，要更多地以业绩方面的数据和事实为依据，以减少来自个人的偏好。其次，要保持一定的灵活性。越是与他人之间存在较大差异的人，他们越是对周围环境以及自己的处境敏感，因此，校长要灵活对待“特殊”教师。比如，对不同类型的员工灵活设置福利方案——灵活的工作时间和岗位安排，给他们量身定做专业发展计划，与他们保持非正式关系，等等。

校长要认真审视自己的内心，经常反思自己是否从根本上消除了偏见。一些偏见是潜在的，这就要求校长更自觉地反思自我。不仅如此，校长还要致力于制造一种主张宽容和相互赞美的学校文化，以保证多样性得到更大的发展。渐渐地，你就会发现，正是那些差异显著的教师，而不是那些唯唯诺诺、性格平庸的人在为学校创造更大的业绩。

对学校多样性的重视和对差异的尊重，应该导向一个更为重要的结果，那就是学生的多样性也同样受到了教师的重视，学生的差异得到了更多的尊重和爱护。

从有效教学的角度看，教师选择最适合的教学方法，除了要了解一般的学习规律，还要了解学生个体的学习差异性，尊重他们的差异性。那些教学效果差的教师往往不注意学生的差异，他们只会把整个班看成一个相似的群体，对每个学生都僵硬地提出统一的要求，而当有学生没有达到预期的结果时，则一律严加指责。

教师要尊重学生的个体差异性，那么，学生存在哪些内在的差异性需要教师积极地应对呢？

一是经济差异。一些孩子家庭贫困，他们总是感到无法控制自己的生活和命运，他们的学习往往会存在较大的问题。因此，对这样的孩子要给予特别的关爱和支持，要对他们寄予厚望，多鼓励他们。

二是性别差异。大多数男孩儿喜欢户外活动，喜欢进行体育锻炼，玩一些具有攻击性的游戏；而女孩儿一般更喜欢艺术、玩洋娃娃、跳舞。女生通常表现出更强的口头表达能力，而男生通常在视觉能力和空间能力上表现更优异，男生一般更擅长数学推理、空间关系和洞察问题。一般而言，男孩儿在课堂上发言更积极，女孩儿则喜欢在私下与好友分享秘密，而她们在课堂上的发言却少于男孩儿。

三是心理发展差异。健康个性的一个关键因素就是自尊心。一些学生的自尊心特别强，因此需要教师保护；而那些丧失了自尊的学生更需要教师格外的呵护、帮助和唤醒。

四是认知发展差异。认知心理学家皮亚杰指出，人的认知发展要经历四个阶段：感官驱动期、前执行期、具体执行期和正式执行期。他认为，所有人都会经历这四个阶段，只是速度不同。因此，教师要根据学生所处的认知阶段的特点来安排教学。教师应该将认知发展超前的学生和滞后的学生编排在一起学习，混合编排显然可以促进相互学习。

五是道德发展差异。心理学家柯尔伯格认为，儿童的道德发展分成三个层次，每个层次包含两个阶段。9 岁以下的儿童处在第一个层次，他们只是为了免受惩罚才不去惹麻烦；9 岁到 20 岁处在第二个层次，他们之所以循规蹈矩，是因为他们认识到规则的重要性，他们会倾向于认为规则的制定就是为了维护安全和秩序；最高层次只有相当少的 20 岁以上的成年人才能达到，他们理解、接受并遵守那些巩固社会规则和传统的道德规范。作为教师，我们可以通过组织学生对道德两难困境和道德问题展开讨论，从而促进学生的道德发展。

六是学习风格差异。这方面的研究特别多。比如说冲动型和沉思型就是两种显著不同的学习风格。冲动型的人工作节奏快，做决定迅速，但做事情缺乏深谋远虑，他们对待工作似乎比较粗心，经常手忙脚乱。正因如此，冲动型学生往往很难胜任需要分析和关注细节的学习任务。

沉思型学生则不同，他们倾向于在得出答案之前做细致的思考，他们要谨慎地考虑多种可能性，因此，他们在学习上花的时间很长，学习效率比较低。沉思型的学生往往完不成全部任务，但已经完成的那部分可能几近完美。教师只有了解了每个人在学习风格上的差异，才能在教学方法和进度上做出正确的选择。

七是思维模式差异。有些人善于进行独立、灵活的思考，他们想象力丰富，也更具创造力，他们能想出不同办法来完成任务和解决问题；还有些人则习惯用传统、常规的方法思考，他们寻求单一的、富有逻辑性的回答。

八是学习能力差异。加德纳的多元智力理论想必大家都知道，他把人的智力确定为言语—语言智力、音乐—节奏智力、逻辑—数理智力、视觉—空间智力、身体—动觉智力、自知—自省智力、交往—交流智力七种（现在又扩展到了九种，他认为还应扩展）。斯腾伯格的智力理论认为人的智力由分析能力、创造能力和应用能力三个相对独立的能力方面构成，个体的智力差异主要表现为智力在这三个方面的不同组合。我们可以观察到的事实是，一些学生存在着智力障碍，而一些学生却表现出天才的特征，他们同样需要格外的关照。

九是人格差异。人格是个体各方面的特征、动机、情感反应和性格、价值观、信念的综合体。在人格方面，学生的焦虑、自我意识等都需要我们去了解和关注。

校长们经常对教师说，备课要备学生，而所谓“备学生”就是要观察学生、与学生交谈或对他们进行调查分析，这样才能对学生的差异和差异的形成、差异性表现有所准备，然后才可能提出有针对性的教学方案。

以上我们谈了差异化这个重要问题，教师是有差异的，学生也是有差异的。面对教师的差异，校长要在管理上努力尊重教师的个性，创造适宜的环境，让众多个性不同的教师共同为学校的发展贡献智慧和力量，我把这种管理叫作适应性管理。那么，学生有很大差异，让众多有差异的学生都达到共同的教学目标，可称为适应性教学。

教师们如果实施适应性教学，一定能使学生们在学业上取得更大的成功，而且学习对他们来说会变得更有意义。校长们如果实施适应性管理，也一定会使教师们在事业上取得更大的成功，而学校里每个人的生命将会变得更有价值。

但是，真正具备适应性的能力又谈何容易啊，这是一场对校长和教师的道德考验。下一条建议，我们谈谈道德和德育问题。

第二十五条

给德育工作减负

我们越是为青少年的道德现状发愁，就越是要加强德育工作。可似乎我们对德育工作的期待越高，给德育工作压的任务越重，德育这些事却越是大而无当，效益低下，广受诟病。德育越是效益不高，青少年道德现状越是堪忧，就越是要加强德育工作……如此循环往复。这一现状使我们不得不思考另外一种可能的途径——给德育工作减负。给德育工作减负其实是要突显德育工作中真正重要的部分，以下是一些思路。

第一，限定道德的范畴——尊重和责任。

什么是教育？教育有两项伟大目标：一是教人聪慧，二是教人高尚。德育就是教人高尚的教育过程。所谓“高尚”就是对自己以外的人和事物的义务感。当一个人对自己以外的人和事物的义务感非常强烈，以至不惜牺牲自己时，我们就夸奖他“非常高尚”。反之，当我们说这个人自私时就是在说他缺乏义务感。

什么是道德？道德是一种恰如其分地与自身之外的其他现实发生关系的能力。我始终认为道德是一种能力。虽然这种能力与一个人关于高尚的意识和知识，关于高尚的情感、意志和行为相关，但道德主要还是一种能力。如果人不具备高尚的能力，那么他就只是“口头革命派”，会被我们批评为“虚伪”和“伪善”。目前道德教育最大的问题是我们没能赋予学生以高尚的能力。

道德是一种什么样的能力呢？一个人怎么样才算是高尚的呢？我认为，这种能力的核心是恰如其分。就如诚实是我们期待的一种美德，可是无条件的诚实并不见得就是“高尚”。例如，当某人被医生判定得了恶疾，而我则在对方没有任何思想准备的情况下就诚实地告诉了他真相，这并不高尚。

那怎么才能使人懂得“恰如其分”呢？关键是要拥有两大价值观：一是尊重，二是责任。这里所说的“尊重”是指“不能伤害”，意味着他能认真地对待某人或某事的价值，不伤害自己和他人，不伤害所有形式的生命以及滋养它们的环境。这里所说的“责任”是指“给予帮助”，责任是尊重的延伸。如果尊重他人，我们就会重视他人，就会对他人的利益感到有一份责任。责任意味着面向他人，关注他人，并对他人的要求做出积极的反应。

还存在着“尊重”和“责任”以外的其他道德价值观念，比如法国哲学家斯蓬维尔认为，“礼貌”“忠诚”“明智”“节制”“勇气”“正义”“慷慨”“怜悯”“仁慈”“感激”“谦虚”“单纯”“宽容”“纯洁”“温和”“真实”“幽默”“关爱”构成了人类的十八种美德。但是，这些价值观的核心无一例外都源自“尊重”和“责任”。

因此，我们的道德教育其实用不着兴师动众地学会这个学会那个，只要好好地学会“尊重”和“责任”就足够了。

第二，选定德育范式——理性还是关怀。

德育工作与教育的其他领域一样，也是有流派的，主要的两大流派是“理性派”和“关怀派”。校长要熟悉和了解这两个相互对立的德育流派的立场与观点，并从中选出一项作为底子来构建学校的德育模式。当然也有第三条道路，就是所谓的折中派，介于理性与关怀之间的一种中间立场。

那么，这些流派的主要观点是什么呢？理性派注重对道德理性的研究，强调道德理性的作用，认为道德应该是一种理性的呈现；而关怀派则强调人文关怀，关注走向生活的德育，认为道德教育应当让个体体验到社会关怀。

理性德育派起源于人类对理性的认识和崇拜。道德理性可以上溯到古希腊时期，苏格拉底、柏拉图、亚里士多德都相信人类自身的理性力量和道德自身的理性属性。在理性德育派看来，人类的道德教育的核心和基点就是对个体道德理性的构建，因此，个体良好的道德理性的构建是道德教育的本质任务和几乎全部目标。

关怀德育派起源于人类对自身幸福的追求。文艺复兴和欧洲启蒙主义时代，关怀德育开始兴盛起来，女性主义教育理论出现之后，关怀德育学派才真正建立起来。在中国，关怀德育学派的立场和观点在鲁洁、叶澜、朱小曼这三位女性学者身上表现得特别明显，她们为中国德育学界的关怀德育学派带来了强大影响力。

我个人比较赞同理性德育学说，我是理性德育的忠实信徒。这帮助我形成了自己坚定的德育工作的行为倾向，本文其实就渗透着理性德育的思想。那么，你的选择是什么？如果你经过深入思考做出属于你自己的选择，那么，在学校德育工作的决策方面，你将会更为坚定和执着。

第三，抓住薄弱环节——情感价值。

传统的德育工作过分强调道德认知，似乎给学生们灌输道德法则和标准就是道德教育的全部，似乎凡事“说过了”就是教育过了。事实证明这种简单化的德育是无效的，甚至是“反效”的。

传统的德育工作尤其重视学生的道德行为，学校不停地进行行为规范检查评比，希望通过积极的干预性措施来提高德育的效果。我们一般会认为道德就是比出来的，是由分数量化出来的。可是最后我们却发现，采取这样强有力的干预措施之后，学生们在校内尚且可以遵守规范，走出校园后，其行为并未有明显改观。这至少说明有时候以行为规范为主轴的德育可能是反道德的。

德育的低效让我们开始意识到，真正有效的道德教育应该触及学生的灵魂，应着力于进入他们的情感世界，并使我们所宣扬的道德价值观念内化为学生自己的价值观念。因此，我们强调丰富学生的道德体验，让他们在日常生活的真实情境中去感受道德价值的力量。

可能德育最有效的方法就是体验了。所谓“体验”，就是让学生借助过去的经历，运用直觉、通过感悟来理解事物。体验一定要能拨动孩子们的心弦，也许那些动人的悲剧故事可以给人的内心世界以巨大的冲击，而让学生亲自扮演某些角色，或参加社会实践活动，都是体验道德的好方法。

情感教育是道德教育的关键点，也是目前道德教育的薄弱环节。情感教育不是教人任意动用情感，而是教人有效地控制情感。理性德育派认为，学校要教会学生驾驭自己的情感，将年轻人放纵的情感收服为理性的盟友；要教会学生驾驭自己的行为，将行为收服为理性的臣子。所谓“给德育工作减负”，就是要死死抓住情感这个点，而在灌输和行为检查评比方面少花些无用的工夫。

第四，限定道德发展层次——自身、他人和集体。

有效的德育是分层次的，比如让孩子们学会尊重和责任，第一个层次是对自己的尊重和责任，第二个层次是对身边的亲人、朋友、师长的尊重和责任，第三个层次是对他身处的集体，对集体利益的尊重和责任，然后推广至学校、家乡、国家、人类和自然。

学校应根据教育对象的道德发展层次，确定道德教育的内容。比如说，小学应该限定在第一层和第二层，对小学生谈解放全人类是荒谬的和可笑的；初中则应将重点放在第二层和第三层；高中可以在比较低的层次基础上进行拓展。我们不要什么层次的都去抓，口号提了一大堆，结果一个层次的问题都没解决。

不顾道德发展层次，可能导致学生到了大学还不懂小学生就应该学会的自尊自爱，这实在是对中小学道德教育的莫大讽刺。

第五，在途径和方法上形成特色。

学校德育主要有四大途径：一是教师关爱和尊重学生，二是让班级成为一个道德空间，三是将道德价值纳入课程与教学之中，四是在整个学校创造一种积极的道德文化。在这四大途径中，学校抓住任何一条，都可以抓出成效并形成学校德育特色。我认为，这四条途径中当前最薄弱也是最重要的是教师的道德，师德水平几乎决定了学生的道德水平。可是我遗憾地看到，教师的总体道德水准并不比小学生高尚多少。因此，适当引入学生力量来监督教师是一种无奈的选择。

对每一条道德教育途径，我们可以研究具体的德育方法并形成特殊而有效的操作模式，比如，如何开班会就非常值得研究。可以把班会分为好消息会、赞扬会、定目标会、定规章会、反馈与评价会、学生作品展示会、解决问题会、分派任务会、学习问题会、听证会、辩论会、教室改进会、改进跟踪会等。如果你把班会做到最好，研究出很多班会的开法，仅此一项别人就无法超越，你的德育也就有特色了。

以上五个方面的建议，都围绕着一个道理，加强德育就是要聚焦，要做减法而不是加法——校长要将德育聚焦在核心价值观念——“尊重”和“责任”上。道德教育永远围绕这两个主题，无论世事如何变迁，牢牢把住人类道德永恒不变的主题，你就能以不变应万变。这样的话，你们学校的德育就会越做越深、越做越扎实，而不会越做越泛化、越做越迷茫，甚至越做越不道德。

真正好的教育是潜在的和隐性的，下一条建议我们将探讨潜在课程和隐性教育问题。

第二十六条

对看不见的课程和教育保持敏感

校长要重视课表上的课程和作息时间表上的教育，更要重视那些看不见的课程和教育。

首先，我们谈谈课程和看不见的课程。

课程理论认为存在着五种课程：一是理想课程，是指由一些研究机构、学术团体和课程专家提出应该开设的课程；二是正式课程，是指由教育行政部门规定的课程计划、课程标准和教材，也就是列入学校课程表中的课程；三是感知课程，是指任课教师所感觉到的课程；四是运作课程，是指在课堂上实际实施的课程；五是体验课程，即指学生实际体验到的东西。

按照这种分类方法，体验课程既可能大于也可能小于理想课程、正式课程。也就是说，学生实际体验到的东西可能比原先人们设想的更多些或者更少些。我国实施统一的课程标准，可是为什么有的学生实际体验到的比另外一些学生更多或更少呢？

原因之一是感知课程、运作课程可能大于或小于理想课程、正式课程。打几个比方吧，如果课程是一幢建筑的设计图纸，教学则是具体的施工；如果课程是一场球赛的方案，教学则是球赛进行的过程；如果课程是一个乐谱，教学则是作品的演奏。也就是说，教师一开始是打算根据课程计划实施教学的，可是在具体实施过程中教师总会加入自己的理解，而且根据教学的成效，他们经常会自发地修正课程。

教学只是课程实施的一种手段而不是所有手段，虽然教学在课程实施中占有核心地位，但还可以通过学生自学、主题教育活动、社会考察、家庭教育等方式来共同达到课程的目的。在这些手段中，教学是最可控的，最可控的教学尚且都会发生与理想课程、正式课程相偏离的现象，更何况其他不可控的手段和途径了。

因此，学生实际体验到的东西与理想课程、正式课程完全一致倒是奇怪了。

原因之二是在正式的和课表上的课程以外，存在着隐性课程。

美国教育社会学家杰克逊认为，在校学生不仅接受了读写算等文化知识，而且获得了态度、动机、价值和其他心理的成长。这后一方面是经由非学术途径，暗默地、潜在地和间接地传递给学生的。杰克逊将这种“非正式”的文化传递称为隐性课程。

隐性课程的发现，为我们提供了课程建设的又一个重要视角，使我们开始关注正式课程之外的也许对学生成长至关重要的那些因素，但那些因素平时却被我们忽略或被某些东西遮蔽了。隐性课程是非预期的、弥散的和非计划的，因此，校长应具备发现和再造隐性课程的能力，包括如何知晓、证明和理解被掩盖的力量的存在。这显然比如何实施正式课程的难度更大。

之所以要格外重视隐性课程，一个很重要的原因是不良的隐性课程显然与理想课程和正式课程相矛盾，从而削弱正式课程实施的效果。比如，新课程理念强调要促进学生的个性发展，而事实上学校环境并不支持学生的个性发展。一些学校至今将完全服从、守纪律、准时、尊重权威等作为核心价值观。我们其实一直在鼓励学生听话，那些坐得整整齐齐、安静顺从的学生常常受到表扬。学生恰恰是从学校的组织和制度的特性中学得了价值、规范和态度，在无形中完成了社会化——服从、温顺的训练。正是那些不良的隐性课程而不是正式课程抑制了学生的个性和创造力。虽然学校可以开设五花八门的意在发展学生的个性和创造力的正式课程，但不良的隐性课程却让他们永远失去了个性和创造力。

其次，我们谈谈教育与隐性教育。

所谓教育，是按照一定的社会要求，对受教育者的身心施加积极影响的有目的、有计划的活动方式及过程。这个概念涉及“教什么”“谁来教”“教谁”和“怎样教”等一系列问题。在这些问题中，“课程”主要涉及“教什么”和“怎么教”，课程所承载的知识信息与教育性经验构成了教育活动的内容和客体，它在很大程度上规定着教育运行的基本方向和方式。因此，教育是课程的上位概念。

那什么是“隐性教育”呢？隐性教育是用体验和潜移默化的方式，以促进学生发展的方法和过程。这一定义的关键词是“体验”和“潜移默化”，就是说隐性教育不同于显性教育的地方主要在教育的作用方式上。隐性教育是学生自主感知并在暗默与潜在中受到教育影响的，而不同于“传授——接受——练习——考试”等一般的教育方式。

因此，隐性教育是非学科性、开放性、潜隐性、非智能性、非确定程序和动态的。学校教育中凡是“非认知”类的学习领域，都是隐性教育必须去占领的。也就是说，诸如“品德培养”“习惯养成”“文化修养”“身心培养”“潜能开发”等，实际上都要靠体验和潜移默化的方式，采用“传授——接受——练习——考试”的方式可能会将学生推向反面。

重视隐性教育的校长，应该十分关注以下五个方面的建设。

一是校园建筑、校园文化设施和校园美化等物质形态的建设。苏霍姆林斯基说，一所好的学校连墙壁也能说话。教育社会学家科尔指出，一位教师的房间可以告诉我们他的性格以及他正在干什么。物质环境建设的重要性不须赘述。

二是教师的品行、人格和气质、仪表、学习和教学态度。这些特质都会反映在教师的行为上，从而构成一种教育力量。

三是针对学生的规章制度和纪律要求方面的建设。学校如何管理学生，如何评价他们，以及给予他们什么样的奖惩，这些都会传导某些价值观和态度。

四是学校的教育理念、理想、传统、目标、愿景等精神方面的建设。这些精神性因素持久地感染和影响学生。

五是学校的日常生活建设。现在有一个词非常流行，那就是“回归”。教育要回归，可是回归什么呢？我认为要回归日常生活。什么是“日常生活”？日常生活是自在自发的，在日常生活中，人们是凭借传统、习惯、经验以及血缘和天然情感来进行交往的。学校教育如果远离生活，那就是假的教育，无效的教育。

显然，在日常生活中，人们每一天都在重复着以前所做过的事情，比如日常生活中的衣食住行、柴米油盐酱醋茶，等等。日常生活中的知识不是理论化、系统化的，而是一代代人口耳相传的常识，日常生活是以自然、血缘情感为基础的。因此，自在自发是日常生活的本质特征。

那为什么教育要回归日常生活呢？那是因为，人们的情感道德往往是直接从常识或者日常规范中生发出来的。在情感道德方面不必去做类似物理化学这样的高深的研究，那些道德考试得第一名的学生未必是最有道德的。还因为，日常生活是最不费力的和最自然的。人的情感道德是受情欲、本能、血缘、宗族等自然因素支配的。人们是在人际交往中学会人情交往的，课堂中教师当然也能教会一些交往的技能，可是这比日常生活更费力，很不经济。

我们这里所说的教育回归生活，并不是说要放弃对学生的教育，而是说要由生活本身来教育他们。我的意思是说，学校要借助生活进行教育，用生活化的方式去教育，以及更积极地构建一种有利于情感道德成长的校园生活。

具体来说，教育要促进师生间、生生间的自发的交往，增加交往的“频度”和“深度”。教育要抓住生活中的契机，随时进行；教育要学会等待，给予学生良好的期待，而后等待生活的转机；教育要靠情感自然流露，要关注每个人的感情生活，让每个人体验到真实的“爱欲情仇”。

一个杰出的校长，他总能发现那些别的校长看不见的东西，如隐性课程和隐性教育。而那些看不见的东西，可能才是我们要的真正有价值的教育。

第二十七条

补一补管理的原理课

什么是管理？通俗地说，管理就是“让别人努力，去达到组织的目标”。

如果校长有思想理念、培养目标、办学目标、课程建设目标、教学改革目标、德育工作目标，可这些目标没能化为教职员工共同的意志，也见不到他们相应的行为，那么你就不是一个胜任的领导者。

校长是学校的最高行政长官，你拥有法律赋予你的行政权力，要对学校内部事务和与学校相关的社会公共事务负起责任。你拥有了工作目标以后，接下来的工作就是设法让大家一起来努力。

我们这些“教而优则仕”的管理者，身上其实是有缺陷的。如果要问最缺什么，我认为可能最缺行政管理方面的实践和能力。也就是说，我们还做不到自如地从行政管理角度思考和解决以下问题：校长为什么去管？应该管什么，不该管什么？能够管什么，不能够管什么？怎样管才最有效？你本人又该由谁来管？这些问题其实都是行政管理的基本问题。

作为校长，你要有“向外”的“第三只眼”。如果说学校是个生物体，那么这个生物体是存在于一个生态中的。学校不是“孤岛”，学校的脉搏与时代脉搏跳动在一起，学校发展与学校地理、历史、政治、经济、社会、文化息息相关。如果不能适应外部环境变化或与环境条件格格不入，你就无法进行有效的行政管理。

作为校长，你还要有“向内”的能力。你的行政职能是决策、执行、协调、监督和服务，这使你区别于学校的所有其他人。你比别人拥有更多的权力，你就要充分动用你手中的法定权、奖励权、专长权、强制权，从而实现有效的“治理”；你有比别人更丰富的行政手段可以动用，比如指令的手段、经济的手段、纪律的手段、教育的手段和宣传的手段，等等。

你要了解学校组织系统及其运行的法则，你要理性地判断你所任职的学校管理体制是集权制还是分权制更优；你要知道学校的内部结构，哪些是领导部门，哪些是职能部门，哪些是辅助部门，哪些是咨询参谋部门，哪些是派出机构；你要确定学校各部门的职能目标、人员构成、权责体系、行政经费、运行规则，等等。你必须做这些，因为你是学校这个生物体的“首脑”。

你要明白学校这个组织体系属于科层制，虽然科层制受到越来越多的批评，但是目前我们还找不到更好的体系来替代它。科层制条件下的管理一定要有目标。为了实现目标，校长要把组织中的全部活动划分为各种基本的工作任务，分配给学校中的每个成员。学校的每个职位是按照职权的等级原则组织起来的，每一职位有明文规定的权利和义务，形成一个指挥系统或层次体系。学校中人员的使用，要根据职务上的要求，通过正式训练才能完成。对学校的管理干部，你还要拿出一套岗位津贴和升迁制度，要承认学校管理人员虽然还在教书，实际上是在从事与教师不同的另一个“职业”和“专业”。包括你在内的所有学校管理人员必须严格遵守学校的规则和纪律，尽可能不受任何感情因素的影响，要保证在任何情况下都能贯彻执行既定的规则和纪律。学校中的每个管理干部必须完全以理性为指导，他们应该没有特定的个人目标，绝不能感情用事。

为确保学校持续发展，你要不断地向低效率宣战。学校这个生物体本身的低效和负效，是学校教育和其他方面的功能无法达成的病根。校长作为这个生物体的“首脑”，要始终提防由科层制带来的诸多问题。美国的博比特认为，要提高学校行政效率，应确定学生的理想标准，规定学校教育的方法，明晰教师的必备资格，给教师提供明确的工作准则。我认为他的观点切中了学校管理的要害。从某种意义上说，教师的任务是利用标准方法和条件生产出标准的产品，而有效的教育管理应着重于组织的目的和管理程序。当然，这一说法并不精确，而且容易引发争议，但这至少构成了管理的基础。

我们要记取帕金森定律告诉我们的一些常识：你的机构越庞大，行政效率将越低；行政部门成立越久，人员的素质就会越低；内部越腐败的机构，它的外观就越华丽。你还要掌握彼得原理，要知道一些常识：每一个成员都希望得到晋升，并为之付出自己艰辛的努力，直至爬到效率无能级，即晋升到力不胜任、力所不及的职位为止。如果你不知道这些常识，即使你有理想抱负，学校根本没法有效运行起来，那只能使你扼腕长叹。

根据人际关系理论，你要重视学校非正式群体的存在，学校的一部分工作是通过非正式群体来完成的，可是你所依赖的非正式群体会产生消极作用而使你面临尴尬局面。你经常会面对一群有消极情绪的教职员工，他们常常在抱怨，你要知道他们在抱怨什么并不意味着他们不喜欢什么，他们抱怨是因为他们累积的情绪需要发泄的渠道和机会。你要知道使教职员工不满意的因素与使他们非常满意的因素是不同的，他们的不满意往往是由工作环境引起的，而这通常是由工作本身产生的。学校制度和评价、人事关系、工资福利、个人生活、工作条件、职位和职务状况会让人不满从而产生抱怨，可是即使消除了不满情绪，他们也不一定会满意，真正能使他们满意的是工作成就、赏识、提升、工作本身、发展前途和责任。

你要认识到自己的管理中的问题：你是不是已放弃了自己的管理职责，只是充当上级信息的传声筒？你是不是只注重工作任务的完成，而从来不关心教师？你是不是把他们当成了机器？或者你只是不讲原则地对人一团和气？

你还要知道，校长的领导风格必须与下属的风格相匹配，这样管理才能更有效。就像成功的教学总是通过选择恰当的教学方式实现的一样，成功的领导就要通过选择恰当的领导方式来实现。人们是带着不同的需要和动机加入学校的，但他们都希望能胜任工作，因此，成功的管理可以说就是帮助教师们实现其胜任感。由于人们的胜任感有不同的满足方法，所以他们对管理的要求也不同。

有时候，你领导方式的选择依据是你下属的成熟度。如果下属很不能干，那么你要帮助他清晰定义他的角色位置，明白无误地告诉他应该干什么、怎么干及何时何地去干；如果下属水平一般，那么你在布置任务的同时要提供给他指导性的意见，并在他工作过程中给他支持；如果下属较能干，那么你就要与他一起商议，并为他的工作提供便利条件；如果你的下属非常能干甚至比你还能干，那你就授权，放手让他去干。

作为校长，你要知道用人之道，懂得“用人必先知人”，用人重在时机、重其所长、重在信任，要做到适才适用，切不可嫉贤妒能。为发挥教师的工作积极性、主动性和创造力，校长要学会激励。你要了解激励有哪些手段和方法，要把握激励的时机和方向，控制激励的频率和激励程度。

为更方便地开展工作，作为校长，你要学会回避。你要知道当了校长从事公职以后，某些事你就不能再做了。比如，“有偿家教”你就不能去做了；你的直系亲属就不能在本校工作了，他们更不能被提拔为学校干部了；评聘职称或者荣誉称号，你要回避了。为赢得大家对你的信任，减少不必要的猜疑，你必须付出一些代价。

作为校长，你每天都在与人沟通，你要选择合适的沟通方式，保证沟通的质量和效率。你要非常重视学校的非正式沟通，控制学校舆论和传言，把舆论引导到有利于学校目标的方向上去。你要密切注意，当某个人的地位和角色表现超群或变化突然时，有关他的传言会多起来，也许你要出手保护一下。通过沟通，你要建立和维护你的人际关系。你要掌握说话的技巧，要学会倾听，要乐观处事，要善于理解，要尊重人性的弱点，要在人际互动中丰富自己的经验。

开会是你工作的主要部分，你不是被叫去开会就是你找人开会。既然如此你就要学会开会，学会控制会议的数量、质量、成本和时间。在我看来，学校会议只有两种。一种会是特别讲民主的。没有中心发言人，没有事先确定下来的具体议题，没有任何书面材料，其宗旨是让每一个人都参与。还有一种会特别讲效率。会议上只有一个人有发言权，其他人只能与这个人对话，提出各种问题，但不能与其他人交谈或交换看法。我们之所以不喜欢开会，实在是因为效率低下，你要将开会本身作为一个研究课题好好琢磨一下。

作为行政长官，你要格外培养自己解决问题和化解危机的能力，那是因为哪怕你将全部的行政工作都授权给了下属，他们面临棘手问题的时候还是会来找你的。学校常常会陷入你预想不到的危机中，面对这些危机你不要指望别人为你去化解，要靠自己。

以上我花了这么多篇幅讲述了一些管理的基本常识，都是在强调一个道理，校长必须通过管理让教师们为学校目标而努力。而让别人努力工作显然比让自己努力更难，所以，有些人知难而退，宁愿做个平头百姓。可是，你是校长，既然你选择了这个职位，为胜任这份工作，你就得好好补充这方面的知识，并在实践中细细体会。

校长应该懂教学、懂德育、懂课程，但最重要的是必须懂管理；一个校长不懂管理的话，他越是懂教育，学校可能越失败。

以下的建议，我将围绕着行政管理来与大家讨论管理中的那些要诀。我们先从决策开始吧，那是学校一切管理工作的起点。

第二十八条

提高决策能力，做好发展规划

不少地区的教育局都会要求学校做发展规划，我认为很有必要，很难想象一所对未来没有构想的学校能持续发展。

在我看来，一份好的规划主要体现了规划人的决策能力。因为规划其实就是为实现学校发展设定目标，并且选择最优方法和最佳路径来实现目标。因此，从某种意义上说，所谓规划就是选择的结果，而决策就是一个选择过程。我们说校长责任重大，其实最重大的责任应该是决策的责任。你可以一个人做选择，也可以听取专家意见，甚至可以让全校相关人员一起讨论从而做出决定，但无论你用何种方式在多大范围内听取意见，一旦决策错误，你就要负全部责任。

决策有大有小，大的方面的决策叫作战略决策。比如，学校未来三年或五年的规划，是要为所有人指明大方向的，因而也是战略性的。小的方面的决策你可能每天都在做，叫作战术决策，或者就是下个决定。比如，今天某位专家到你们学校指导工作，你要下一系列的决定，甚至包括晚上是不是宴请他，如果宴请的话需要多少人作陪，到哪家饭店，喝不喝酒，等等，这些都是小小的决策。无论大决策还是小决策，都会考验一个人的决策能力。

这里，我主要谈谈战略性的大决策问题。

围绕学校发展目标，我们可以在以下三大战略中进行选择：一是个体战略，即通过教师发动改革来促进学校的发展；二是组织战略，即将学校的组织系统当作变革的单元以促进学校发展；三是系统战略，即通过建立新型的与政府、与社区、与家长、与同类学校的关系，并引入外部力量来促进学校的发展。

在战略决策方面，校长的目光要长远，而且应全盘考虑一切未来的行动和举措，以及这些行动和举措可能产生的影响。战略决策往往是针对重要问题的解决的。也许你们学校目前最大的问题是师资队伍问题，而将战略定位于“个体战略”很有可能是缺乏远见的，因为学校花了巨大的成本培养出若干个骨干教师后，他们却可能因为学校缺乏吸引力而纷纷流失，奔名校而去，于是学校得不偿失。

据我的研究，战略选择有一定的规律可循。什么样的情况下选择系统战略呢？如果学校质量低下，或者学校发展刚起步，而且外部环境优于内部环境，可将主战略设定为系统战略。什么样的情况下选择组织战略呢？如果学校质量稳定，内部环境优于外部环境，可考虑实施组织战略。什么样的情况下选择个体战略呢？如果学校质量低下，而且外部环境和内部环境都很差，或者学校办学成绩卓著，在当地很有影响力，财力上比较充足，适合实施个体战略。

我们不要奢望通过一个决策就能解决所有问题和预见一切结果，只能在备选方案中选出一个相对满意的方案而不是十全十美的方案。三年或五年的时间对一所学校的改革与发展来说时间不算长，不要试图“一口吃成个大胖子”，没有什么尽善尽美的战略，从三个战略中选一个认真去执行就可以了。

在决策方面，校长切不可独断专行，而要鼓励更多的人参与，要让决策分散化，这样才能使最终的决策成为学校每个人的目标而不是校长的个人目标。我们一般可以成立三个小组，每个小组围绕一个战略来制订发展规划，然后让大家一起讨论甚至辩论，最终拿出一个大多数人认可的方案来付诸实施。你不要舍不得花这点儿时间，磨刀不误砍柴工的。

我们也不要力求一步到位和一劳永逸，你的决策能解决现实中最重要的一两个局部的问题就很了不起了。校长的决策应促使学校渐变而不是革命，因此，你要分析学校目前存在的最重要、最紧急和最有拓展性的问题。所谓“最有拓展性的问题”就是那些如果不解决会引发其他领域更大的问题的那类问题。你的战略选择必须直接针对问题、基于问题。

我在督导部门任职时，读到不少学校的发展规划，我感觉到一份好的发展规划必须具备以下特征。

一要体现战略性。要明确说出在本校所有的工作中，哪些是最核心的工作，是品牌建设、组织改造还是专业发展。你必须点出什么是主战略，什么是辅助战略，战略上的含糊不清会让你和你的教师们无所适从。在确定战略核心后，你还要根据轻重缓急确定未来三到五年的战略步骤，今年做什么明年做什么都要注明。

二要体现方向性。我们对未来的方向要有个估计和预期，规划一定要把方向写清楚，也就是要把办学的理念、愿景和目标都表述清晰。什么代表着学校未来的方向？我坚定地认为，未来学校的图景应该是：未来的学校中每个人的潜能应得到更充分的发挥，直到自在自为；未来的学校应更有效率、更公平，每个人的需求都得到更大的满足；未来的学校应更稳定、更平等、更民主；未来的学校内部应更宽容，学校文化呈现多元性和生动性的态势；未来的学校应进一步授权，更强调和谐和合作；未来的学校应更注重分权化，学校规章制度更完善；未来的学校教师应更有能力，更有共同价值观；未来的学校应更有创新精神，学校形成适宜本校的“本土知识”；未来的学校应更有可持续性，更有长远眼光，更全面系统，也更自律。学校规划不能失去这些大方向，更不能反方向逆潮流而动。

三要应对环境的不确定性。我们处在一个环境严重不确定的时代，环境的不确定性增加了学校各种战略失败的风险，使学校很难计算与各种战略选择方案有关的成本和成功概率。因此，规划不要写得太满和太细致，要为日后可能的环境变化预留空间。

四要运用直觉能力。规划不是诗，也不是小说，规划基于对学校现存问题的梳理，从而确立目标，并通过周密的战略安排以最有效率的方式去达到目标，因此，规划的产生可以说主要是理性的产物，而规划文本也应有严格的逻辑结构。但因为实际中信息的不全面性，并且人们处理大量信息的理论和技术是十分有限的，加上环境的不确定性，所以完全的理性是很难达到的。因此，校长的直觉经验对一份好的规划来说也是必需的。

据我的研究，一份完整的战略性规划应回答清楚以下问题。

（1）学校的办学和教育理念是什么？

（2）依据办学和教育理念，我们的目标是什么，即培养什么样的人和办什么样的学校？

（3）为实现我们的目标，我们选择的主战略和辅助战略是什么？

（4）根据我们的主战略，我们的课程建设目标和任务是什么？

（5）为有效实现课程目标，完成课程建设任务，我们的课程实施（教学和德育）的目标和任务是什么？在教学和德育领域内我们将重点发展的项目是什么？

（6）为完成课程建设、教学改革、德育工作任务，我们的管理该如何改进？

（7）为促进管理改进，管理者、制度和文化应该如何跟进？

（8）我们采取哪些措施才能进行有效的战略管理和规划管理？

（9）所有以上的目标和任务，我们每年的重点是什么？

（10）所有以上的目标和任务，都将分配给谁？谁负责和谁配合？

在规划的具体撰写中往往存在以下一些问题，这会影响规划的科学性和规范性。我想提出来供大家反思。

一是目标与目的问题。比如，“为每个孩子的人生幸福奠基”，我认为这是学校的方向和价值追求，是学校办学的目的和宗旨、行为准则，这句话是目的不是目标。显然目标应该是对目的、宗旨的具体化，是对行为结果的预期。

二是办学目标与教育目标问题。比如，“办让人民满意的学校”，这是学校的办学目标，而“培养心智超群的领袖人才”则属于教育目标。办学目标是针对学校发展提出来的，而教育目标则是针对培养和服务对象而设定的。我认为学校发展规划中的办学目标应该服从和服务于教育目标，因为教育是学校的核心功能。

三是目标的外在价值和内在价值问题。比如，“办一流的示范性学校”，这强调了办学应实现的外在价值，是所谓的“定位”，而我提出的“质量”“效能”和“人本”等特质则属于学校的内在价值追求。外在价值高的学校未必能实现内在价值，而内在价值的追求一定有益于外在价值的实现。

四是定量与定性问题。学校不同于企业，办学目标在诸多领域内都很难量化。我的观点是，从管理层到操作层，越是基层，越是要将目标进行量化；越是初级发展阶段，量化目标的比例应越高些，如质量阶段的量化比例要高于效能阶段，效能阶段的量化比例要高于人本阶段。行政领域的工作目标，其量化比例应高于学术领域，如后勤部门的目标量化比例应高于教学和德育部门，而教学和德育部门的目标量化比例应高于教研部门。

五是目标落实问题。一些学校的目标往往游离于学校工作之外，由于对规划未实行有效管理，目标落空也在情理之中了。因此，你有必要建立“目标卡”来对目标及目标达成度进行控制。“目标卡”应表明“目标和任务”“可见的成果”“具体措施”“负责人”“配合人”“分管领导”“日程”和“评价”等。

我非常反感一些学校仅仅拿规划来交差，以应付上级，于是规划变成了一个漂亮“文本”；还有些学校把规划当作“抽屉文件”，文本形成了，唱完高调后，即把它放入抽屉，不去考虑下一步的实施、调整和自我评价工作。你叫了板，就要唱下去，否则你的公信力会荡然无存。

在下了决策做了规划之后，校长的管理将进入第二项工作，那就是组织实施了。到底怎样的组织实施才是有效的？我认为适合学校发展阶段的才是最好的。下一条建议我们一起来讨论学校发展阶段问题。

第二十九条

实施全面质量管理

校长们学管理，一定会学到管理理论中的四个重要流派的思想和观点，这些理论在影响着我们的管理行为：一是科层制行政组织教育管理理论，它主张教育引用企业管理方法，以提高教育管理效能；二是科学化教育管理理论，它主张在教育管理方面应强调客观性，用分数、心理测量、统计法等科学方法进行绩效评价和绩效管理，主张全面应用实证方法，使教育管理活动更客观、更合理、更讲求效率；三是人本教育管理理论，它强调人在教育管理中的主体地位和作用；四是后现代教育管理理论，它主张反思和批判，倡导多元、相对的管理理念来挑战以往那种寻求最佳、唯一和固定的管理模式。作为学习者，我们应该学习和整合这些理论，以应对当今日益复杂的教育管理要求。

校长工作的实践性很强，虽然我们要学习理论，但是没有必要陷入理论的纷争。比如说，在科学管理与人文管理这两端，我们不必强持一端固执到底。没有什么最好的管理，最好的管理无疑是校本化的，是适合学校发展的。为达成学校的发展目标，校长有权选择适当的管理模式。

如果你到任的学校管理混乱、士气低落、社会声誉下滑、学生学业成绩在地区内垫底、校风每况愈下，你会怎么管理呢？我的建议是，以科学管理为指导，实施全面的质量管理。或者说，我们一般会把科学管理和质量管理作为整个管理的基础。那什么是全面质量管理？

第一，全面质量管理强调的是“全过程”的质量管理。任何产品或服务的质量都有一个产生、形成和实现的过程。从全过程的角度来看，质量产生、形成和实现的整个过程是由多个相互联系、相互影响的环节组成的，每一个环节都或轻或重地影响着产品或服务的最终质量。为了保证和提高质量，你就必须把影响质量的所有环节和因素都控制起来。

以教学为例，全过程就是指“教、学、研”这三大过程。教的过程至少包括五个环节：备课、授课、作业、辅导、评价（考试）；学的过程至少包括五个环节：预习、听课、完成作业、自学与复习、自我评价和考试；研的过程至少包括五个环节：发现问题、分析问题、提出对策、行动、反思。作为管理者，你就要把这些过程中的每个环节以及与这些环节相关的因素控制起来，以形成一个综合性的质量管理体系。

在质量的过程管理方面，校长应该以预防为主，等到质量结果已经发生，质量问题已经是既成事实了，你再去检验和干预，意义就不大了。因此，全面质量管理要求把管理工作的重点从事后把关转移到事前预防上来，从管结果转变为管因素，把缺陷和不合格消灭在它的形成过程之中。

此外，要格外强调为“顾客”服务的思想。顾客有内部和外部之分，学校的外部顾客是学生和家长，学校的内部顾客则是学校各部门和其他教师。实行全过程质量管理要求学校把为外部和内部顾客服务的思想渗透到各个工作环节：不仅要让学生满意，而且要让将来可能接我班的教师满意，让和我搭班的教师满意，让团队同伴满意。

第二，全面质量管理是针对“全员”的质量管理。学校教育和服务质量是全校各方面、各部门、各环节工作质量的综合反映，其中任何一个环节、任何一个人的工作质量都会不同程度地影响着质量。所以，质量与学校里的每个人相关。比如说，电脑课质量很差，秩序混乱，事故不断，将直接影响排在电脑课之后的那些课的质量；早晨广播操质量很差，可能导致学生行为规范水平下降，学习上也开始懒懒散散起来；住宿管理不善，学生晚上睡眠不足休息不充分，就会导致他们白天听课精神不振，注意力不能集中；学校门房看管不严，学生出入自由，有可能导致校风不正。

因此，要制定各部门、各级各类人员的质量责任制，明确任务和职责，各司其职、密切配合，以形成一个高效、协调、严密的质量管理工作系统。我主张，学校平时要开展多种形式的群众性质量管理活动，主要包括全员参与的质量月活动、质量承诺活动、合理化建议活动以及与质量相关的竞赛活动等。

第三，全面质量管理是指“全岗位”的质量管理。学校管理可以划分成高层管理、中层管理和基层管理三个层次，全岗位的质量管理要求学校各管理层次都能履行各自的职责。高层管理侧重于质量决策，制定学校的质量方针、质量目标、质量政策和质量计划，并统一组织、协调各部门、各环节、各类人员的质量管理活动；中层管理要确定本部门的质量目标和对策，更好地执行各自的质量管理职能，并对基层工作进行具体的管理和指导；基层管理则要求每个教职员工都严格地按标准开展小组内的质量改进活动和合理化建议活动，以持续提升质量。

为预防质量管理过程中可能存在的问题，校长要花时间和精力统计、分析数据，以确保学校决策建立在事实和对事实的逻辑分析基础上。

为提高全面质量管理水平，校长们平时要有数据意识，尤其要注意收集以下与教学质量高度相关的数据信息。

一是具有统计学意义的考试和测验成绩，并把这些数据与前些年的数据进行比较。

二是学生取得成就的相关因素，比如学校参与课外活动的水平，出勤情况，惩戒情况等。

三是学生、教职员工、家长对学校的满意程度等。此外，注册学生人数、家庭经济和职业状况、家庭婚姻状况、助学金发放数，通过这些数据你可以勾勒出整个学校的人口统计特征。

发现、记录数据并对数据进行分析、理解是质量管理的基础性工作，缺乏数据支持，学校要制订清晰的改进和提高计划是非常困难的。

应该把学校收集的数据和教职工分享，数据和分析、总结一旦可用，就要尽快提交给全体教职工，因为这些材料最有说服力。与特定年级组或科目相关的数据应该分享给相关的教师并让他们进行详细的讨论，以找到数据背后的解释。

在所有数据中，我认为应该十分重视对考试分数、学生满意度的数据统计和分析，然后根据分析结果采取相应的干预措施。比如，我在当校长时，每年要做两次重要的数据统计和分析工作，从工作结果（分数）和工作过程（学生满意度）两个维度收集、分析数据，而后根据数据分析结果将教师分为四类，再分别采取有针对性的干预措施。这四类是：分数高—满意度高，分数高—满意度低，分数低—满意度高，分数低—满意度低。

第一类教师，他们“分数高—满意度高”，数据显示他们是非常优秀的教师，所以，开出名单来交给教科研部门，好好总结出他们的经验并推广；第二类教师，他们“分数高—满意度低”，开出名单来，责令教导处严格核查其工作过程，因为学生满意度低的教师即使工作结果达到要求，工作过程中往往存在问题，需要学校采取干预措施；第三类教师，他们“分数低—满意度高”，说明工作结果有问题，开出名单来，请各教研组和骨干教师帮助他们，因为这类教师往往能力不足；第四类教师，他们“分数低—满意度低”，工作结果和工作过程中都存在问题，则要把他们请到校长室予以告诫，如实在不能胜任工作的话就不能把他们继续放在教学岗位上误人子弟。

缺少数据统计的管理不是真正意义上的质量管理，可以把一些常用的统计工具引入学校的质量分析中，比如俗称的“老七种”工具：因果图、排列图、直方图、控制图、散布图、分层图、调查表。大数据时代的到来，为我们引入数字化管理提供了更多的便利，这是一块有待开垦的沃土。

我主张学校在质量管理方面应该虚心地向企业学习。为了提升竞争力，优秀的企业都会运用各种先进的管理方法和技术手段，甚至不少企业的社会责任感可能都要强于学校。较之企业，一些学校在管理上简直就像某些老而不死的国有企业，挥霍着国家资源和资本却几乎不创造价值；有些学校又像某些垄断性的企业，其质量和效益已低下到不可忍受的地步，却还在不知廉耻地夸耀自己过往的成就。

质量管理重在制度创新，借鉴企业管理经验显然有利于管理制度创新。比如说，企业界常用的“品管圈”就值得校长们学习和借鉴。所谓“品管圈”，就是指同一个工作场所内的人员自动自发地组成一个小团体，他们每个月召开两次会议，每次讨论一个质量改进的主题，从提出问题直至问题解决，完成一个质量改进的全过程。那些成果卓越的品管圈经遴选后可在企业的品管圈成果发表会上参加竞赛。这一方法将改善工作变成一种工作游戏，并利用改善取得的成果鼓舞士气。还有一些创新式的质量管理做法值得我们学习，比如“抽屉式管理”“零缺陷管理”“六西格玛管理”等，都能激发我们的灵感。

一些学校参加了“质量认证”，我非常赞同。有时候为推进质量提升，我们不得不借助外部力量，尤其是权威性的外部力量显然能强有力地推进质量提升。

所谓“质量认证”，是指经权威机构确认并通过颁发合格证书或合格标志来证明某一产品或服务符合相应标准或规范的活动。质量认证于20世纪20年代末起源于英、美等国，经过几十年的发展与逐步完善，已被世界上很多国家所接受，成为国际上通用的一种质量监督和管理制度。实践证明，进行质量认证有助于学校建立和完善质量体系，学校通过质量认证，可以向社会证实自己的质量保证能力，从而提高学校的声誉，也比较容易获得家长的信任。

我们都听说过ISO9000质量论证体系。ISO是一个组织的英语简称，就是我们常说的“国际标准化组织”。它是世界上最大的国际标准化组织，我国是该组织的成员国，而且是常任理事国。ISO9000系列标准具有极高的权威性。

目前，一些发达国家纷纷引入质量标准，以阻止教育质量持续下滑。

美国在 20 世纪 80 年代设立了国家质量奖，1999 年，该奖向教育界开放，并推出了教育版质量奖标准——《绩效优异教育标准》，美国所有的中小学校、学区、学院、大学等均可申请。

20 世纪 80 年代后期以来，受美国国家质量奖的启发，欧洲各国将欧洲质量奖中的质量管理模式引入教育领域，以探索新型的教育质量管理模式。英国的圣·玛丽学院、土耳其的马尔马拉大学工程系、匈牙利的科斯文法中学等都相继获得过欧洲教育质量奖。

如果学校质量低下，如果你视质量为生命，那么你就应该立即行动。

在你们学校已经跨过质量门槛以后，学校会进入一个发展的瓶颈期，这时你要将管理目标设定为效能。相关建议，请接着阅读。

第三十条

提高效能，降低耗损

从哲学上讲，可以将发展理解为一个“拓展自由的过程”。简单地说，学校发展一开始很不自由，而后比较自由，最终靠近自由。我把这三个阶段分别称为质量阶段、效能阶段和人本阶段。

在质量阶段，学校追求的目标是“零缺陷”，即学校的教育服务能令各方满意，学校管理和教育教学工作少有缺陷。为了减少缺陷，学校一般会采取各方面的措施以控制质量，即实施“全员”“全岗位”“全过程”的控制。这些控制是必需的，因为学校的缺陷多半是人为造成的，而人的态度、价值和能力均未达到自觉自律地消除缺陷的程度，学校要完成组织目标，如不进行有效监控和积极干预，如不有意识地持续改进，则根本无法保证基本的质量。随着教职员工的态度、价值和能力的改善，外部控制可以渐次减弱，直至进入下一阶段——效能阶段。

在效能阶段，学校追求的目标是“零耗损”，即在保持学校的教育服务质量不变的情况下，努力降低人员、时间、经费和空间的耗损。我们可以将效能理解为质量除以耗损。当质量达到一定的程度时，学校应着手解决高耗损的问题，也就是要把分母降下去。

在学校发展的效能阶段，学校应致力于消除耗损。几乎每一项耗损的存在都与教职员工缺乏主人翁精神和责任感相关。为增强其主人翁精神和责任感，学校应赋权给教师，并使其积极参与校内重大事务的决策，学校应使教师完整地享有教学权和学术权。为此，学校管理层应逐步从教学和学术领域内退出，并调整管理方式，从指挥和指令转为以服务和指导为主。为防止授权而可能引发的“无政府”状态，学校应培养教师的理性能力和自律能力，并制定严格而公正的规章制度以有效地抑制人性中的“恶”。

接着上一条管理方面的建议，我着重谈谈效能问题。

首先，谈谈绩效考核和绩效管理。

2009 年，中国教育界很不平静，那是绩效工资“惹的祸”，教育主管部门和校长们显然没能预见到一部分教师对绩效工资发放办法的强烈反弹，导致一项本意很好的政策却产生了消极的后果。我认为绩效工资的成功发放，其前提应该是公平的绩效考核，但教育界显然尚未解决绩效考核问题。因此，我认为当时实施绩效工资制度的条件很不成熟。

绩效考核是对员工一段时间的工作、绩效目标等进行考核，考核结果为相关人事决策（晋升、解雇、加薪、奖金）等提供依据。在教育界还没有普及绩效考核的时候，企业早就超越了绩效考核阶段，而进入了绩效管理阶段。所谓“绩效管理”，是员工和管理者就绩效问题进行双向沟通的过程，目的是帮助员工提高绩效能力，使员工的努力与公司的远景规划和目标任务一致，使员工和企业实现同步发展。

显然，绩效管理是为了促进员工和企业的共同发展，而绩效考核是为了人事决策或者就是为了公平地发奖金；绩效管理注重员工能力的培养，而绩效考核则只注重成绩的大小；绩效管理要建立管理者与员工之间的绩效合作伙伴关系，而绩效考核则使管理者与员工站到了对立的两面。绩效考核的一个可能的结果就是在组织的内部开始弥漫起紧张、不和谐的气氛。因此，以绩效为名的考核和工资方案，事实上是牺牲学校绩效的。

其次，谈谈学校效能问题。

什么是学校效能？根据英国伦敦大学教育学院摩特莫教授的定义，高效能的学校应是“能够使得学生实际的学习进步大于根据其起点水平做预测所应该获得的学习进步的学校”。这就是说，同样的学生，我们学校教得比其他学校好，这就是高效能。也就是学校的绩效水平高而各方面的耗损又最小，其要旨在于学校要以最小的投入获得最大的产出。

在诸多关于学校效能的研究中，我比较认同摩特莫 1988 年关于高效能学校特征的研究成果，在此罗列一下与大家分享。

（1）校长对全体职工强有力的领导。这种强有力的领导不仅使全体职工积极地参与学校的管理，更体现出校长善于与全体职员分享权力。相比质量阶段的控制式管理，在效能阶段，校长倾向于在行政管理和教育教学事务方面给教职员工更大的授权。

（2）教师的广泛参与。摩特莫发现，在所有成功的学校中，教师参与课程计划，并且在开发他们自己的课程大纲，教师在学校课程建设中起着主要作用。可见，教师在学术方面拥有较大的权利和自由。

（3）稳定的教师队伍。摩特莫发现教职员工的稳定有正面影响，会让学生也表现更好。

（4）有秩序的生活。当学生生活在井然有序的校园里时，他们的表现会更好。在有效的学校中，学生们会比较多地进行探索式学习，可见学生拥有一定的学习自由。

（5）有挑战性的智力教学。如果教师富有热情且善于鼓励，学生进步会更大。高水平问题和陈述频率是至关重要的，也就是说，教师要经常鼓励学生创造性地解决问题。

（6）以学习为中心的环境。各方面的干扰水平低，班级活动不仅适量而且总是围绕着学习进行。

（7）学期工作主题突出。教师工作时精力集中，不受外部干扰。当教师只投身于一门或两门具体学科时，学生会进步；当教师同时执教三门或更多时，学生的进步会受到影响。

（8）教师与学生充分的交流。当大多数教师将大多数时间花在学生身上时，学生每天与教师的沟通机会就会多。

（9）详细的记录。监测学生进步在校长的角色职责中是很重要的，同时它也是教师计划和评估的一个很重要的方面。

（10）向上的氛围。一所有效的学校是单纯的，其学风是积极向上的。

摩特莫的研究向我们表明了学校效能与授权的关系，与教师的自由、学生的自由的关系。如果说“集权、控制、指挥、个人关注”是质量管理的法门，那么，在效能管理阶段，“授权、民主、合作、集体参与”等就应该唱主角了。

在这一管理的新阶段，校长们不要再将领导看作个人的事，而要将其分布于学校之中，谁都是领导，谁又都不是领导。校长的领导方式从单向度、线性的控制、命令转为多向的、交互式的合作、共享，领导者与被领导者的界限从清晰走向模糊。1999 年，英国全国校长协会委托的一项研究表明，那些成功学校“正在形成的领导模式都较少地关注个人能力、技能和领导天赋，而更多地致力于形成一种领导行为和行动的集体责任”。

但是，我这里要再次强调适应性，最好的管理永远不是时髦的，而是最适应学校发展阶段和教师特点的。

研究表明，当我们身处指令性和等级式的社会中时，我们无法完全实现“授权、民主、合作、集体参与”的管理。在我国的大部分地区，学校几乎不具有自治权去决定自身的发展目标、手段，因此，校长的集权和控制依然是最有效的。

相关研究也表明，即使外部控制力下降，如果学校内部缺乏信任、支持、合作、尊重的氛围，如果教师普遍不能胜任工作，缺乏自下而上的工作主动性和理性，那么，这种新的基于效能的管理模式依然是无法实施的。

可是，目前在我国“个人英雄主义”的管理模式还存于教育界，行政官员和校长个人的技能、知识、水平决定着学校的质量与效能的高低。在一些地区，教育主管部门的官员们大权独揽，校长也倾向于个人独断，教师们则趋于分散和自保，教代会和工会组织很多又流于形式，家长、学生等被排除在管理之外。在这种情况下，学校要超越效能阶段进入人本阶段是不可能的。

不过，这并不是说在学校的效能建设中我们不能有一点儿作为。

下面，我们来谈谈提高学校效能的一些积极有为的办法。

据我所知，引入“增值评价”在一定程度上能提升学校的效能。凡当过教师的都十分清楚，学生的起点水平对最终学习结果的影响是相当明显的。忽视起点水平的现实，采用同一条分数线去评价学生、教师与学校，显然是不公平的。所谓“增值”，简单地说，就是相对于起始阶段，学生经过学校的教育，各方面素质增长的情况。著名学校效能研究学者序润斯认为，“增值”就是学生各方面素质在输出与输入对比时产生变化的部分。

其他一些方法，比如，引入学校经费预算和决算制度，可提高学校经费的使用效率；比如，引入竞争机制，可提高人力资源的利用率；比如，引入时间管理，显然可提高时间利用率；比如，引入有效教学模式和方法，对提高课堂教学效益会产生积极的影响；比如，学校信息化建设，可降低行政管理和沟通的成本，也有助于课堂教学效益的提升。

以上我们谈了学校发展的第二个阶段，谈了这个阶段的特点、相关理论以及管理模式。经历了效能阶段后，学校将进入下一个令人向往的阶段——人本管理阶段。我将这一阶段的管理目标设定为“零抱怨”，即全校师生的幸福感很强，他们更为自主，他们的个人价值和个性潜能得到了充分发挥，学校成为师生共同学习的乐园。这时，需要管理层做的主要是对教职员工的关怀，而学生的幸福感在很大程度上则来自教师的生命关怀。

接下来我们一起探讨如何通过制度和文化建设推动学校由低级阶段向高级阶段发展。

第三十一条

合理分工，提高学校有机体健康水平

我始终认为，教育只是学校的一项功能，虽然教育无疑是学校的一项核心功能。

学校作为一个组织系统，它可以发挥诸多功能，就如一个人的身体，它可以有运动功能，也可以有谈恋爱功能，还可以有唱歌功能，等等。学校的功能也是多元的，学校有技术和经济功能、人际和社会功能、政治功能、文化功能、教育功能，等等。

不同学校根据当前的处境和特定任务，会突出某一方面的功能，比如党校更重政治功能，职业技术学校更重技术和社会功能，艺术专科学校更重文化功能，一些品牌高中更重社会功能，那些课程改革前沿学校可能更重教育功能。可是，无论学校试图发挥何种功能，前提都是学校有机体的健康，如果组织系统出现问题，一定会导致功能性的障碍。如果校长不能保持学校的机体健康，那么任何梦想都会落空。

怎么才能将学校组织系统调理到最佳状况，使其更健康地运行，以发挥你所预期的功能呢？这里，我们主要来研究一下学校制度问题。

从狭义上看，学校制度特指学校的“规章制度”；从广义上看，学校制度包括学校的体制、机制、治理结构、职能分配、岗位设置、规章制度等一系列问题。

让我们从广义的制度说起。

如果仔细观察学校，你会发现学校每天的运行是由各种各样的任务组成的，这些任务又组成了五花八门的工作：有看门房的，有管理食堂的，有负责水电的，有电脑维护的，有行政管理的，有做班主任的，有授课的；光授课就分成了各个学科，有所谓的考试学科，还有一些非毕业考试学科。如果每个人既看门又做饭，既负责水电又管电脑维护，既做行政管理又担任班主任，既教语文又教数学、英语，那都会忙不过来，学校的运行就会遇到更多的问题。

于是，学校为提高效率就要进行合理的分工，不仅要做分工，而且要给每项工作规定特定的技能。比如，门房有保安方面的技能要求，做饭有烹饪方面的技能要求，财务、管理、班主任、学科教学等各自都有一些专业技能方面的要求。一个组织系统的健康首先取决于分工，合理分工才有效率。

学校对各项工作任务进行分工，应该考虑两个因素：一是学校的工作需要和技能要求，比如，学校有需要才会将财务工作分派给某人，如果某人不具备财务技能，那就不可分派给他；二是教职员工的个人偏好，如果某人具备财务方面的技能，可是他不喜欢这份工作的话，这样分工也很难达到目的。因此，从理想状态上说，分工既符合学校工作需要，又能考虑到教职员工的偏好，这样才能激发员工们的潜能，效益也是最大化的。

但是在现实状况下，学校需要和教职员工偏好之间常常存在矛盾。因此就有两种选择方案：传统的和现代的。传统方案要求教师服从学校安排并提高其技能，就是所谓的“按岗设人”，我们以前就习惯于服从组织安排，这就是传统的方案；而现代的人力资源理论则认为，应优先考虑员工偏好，即“按人设岗”，这样才能发挥人的潜能，从而使分工达到最优。不同的分工会让不同的个体产生不同的反应，例如，一些员工会觉得有些工作很乏味，而其他员工则可能认为这很有挑战性也很有意义；有些人能将注重分析细节的工作做得很好，而有些人只有做大的框架性工作时才能做得很好。因此，现代方案比较注重满足人的需求。只有各安其位、人尽其才才能达到较高的生产效率和满意度。我们之后会再来讨论员工偏好问题，下面先谈如何按学校需要合理分工的问题。

从宏观的方面，我们可以把学校工作分为决策工作、执行工作、具体操作工作和支持工作四大类。

一是决策类的工作。我们一般把决策工作分派给高层领导，由校长(副校长)、书记、工会主席负责重大决策。在校长负责制前提下，高层领导的核心人物是校长。为什么重大决策主要要由高层领导来做出呢?那是因为高层掌握着学校最大量的资源，尤其是信息方面的资源，这能保证他们“做对的事情”。

二是执行类的工作。一般把执行工作分派给中层领导，所以学校的中层又被称作执行层。领会高层领导意图，不折不扣地贯彻执行，这是一个合格中层必须做的事。对中层的要求是“把事情做对”，这一要求天经地义。为确保中层的执行力，学校中层干部由校长聘任，而不是由教师选举，也是天经地义的事。

三是具体操作类的工作。一线教职员工就是负责具体操作的人员，这一层面又叫作操作层，他们要在中层的带领下“愉快地做事”。

这样的话，学校管理上纵向的分工已经很明确：高层领导做决策，中层干部去执行，教职员工具体去操作。好像有一把梯子，高层领导决定把梯子架在哪一面墙上，中层干部带领教职员工顺着梯子爬上墙头，教职员工愉快地而非被威逼地爬上去。

我认为，学校管理的层次必须分明，叫作各司其职，否则就容易乱套。校长是决策层的领导，可是校长也可以亲自去执行和操作，但前提是能把决策层的工作做好，否则就是“串岗”，学校不乱套才怪呢!

为了将组织的纵向关系分清，有人总结了三条管理上的黄金律：“只有一个权威，只有一个上司；只可越级检查，不可越级指挥；只可越级申诉，不可越级汇报。”如果纵向能级不分，就会常常出现越级管理的情况，那么学校管理的效能就一定会低下。

四是支持性的工作。学校除决策、执行和操作工作以外，还有“技术支持”“保障支持”这两大不可或缺的工作。

技术支持类的工作主要是为决策提供咨询和参谋，为执行提供可行的标准，为操作提供具体的指导，这样的部门类似于军队里的参谋部、企业里的研发部门和政府的发展研究中心，是个智囊团。有些学校设校务办公室，这个部门有时候会承担一些为决策层提供信息和咨询的工作。一些学校设教科室，这个部门会承担为执行层提供执行标准、为一线教师提供指导服务的工作。也有一些学校将这些技术支持性的工作全都归并到教导处。

保障支持类的工作主要是为学校各个层面上的工作提供保障服务，主要分为三大块：一块是信息服务、档案服务、人事方面的服务，一般分配给校务办公室；一块是直接为教学提供的服务，称为教辅服务，比如学籍管理、图书管理、实验管理、卫生保健服务等，一般分配给教导处或教务处；而食堂管理、宿舍管理、采购、财务管理、财产管理、清洁和绿化管理、安全管理，则一般分配给总务处。一些学校单独成立“事务部”，将所有保障支持的工作全部归并在一起，也不失为一个好办法。

在操作程序上，学校一般应先对工作做好分类，然后再根据需要设定部门和机构。也就是说，校长可以根据工作性质和任务决定设哪些部门，比如我当校长时，根据学校发展需要设立质量管理室、学术与课程办公室这两个支持部门，而将原来的执行部门——教导处的工作下移到了“学段”，大大提升了九年一贯制学校的管理效能。我想，校长们是可以根据学校实际制订机构改革计划的。

学校在设置机构时务必注意，部门中带着“处”的，一般都是执行部门，承担指挥职能；而带有“室”或“中心”的部门，一般不可以直接指挥而主要是指导、服务和保障。严格地讲，一些学校将承担“支持性”工作的部门设为“××处”是不合适的，如将承担教科研工作的部门设为“教科处”，将承担总务工作的部门设为“总务处”，我认为应该改名为“教科室”（或“教研中心”）“后勤服务中心”等。

在日常管理中我们发现，学校有教研组和年级组，可操作层面上的任务到底是由教研组负责还是由年级组负责呢？我认为应该由年级组负责，因为年级组是一级行政组织，可以认为它是学校行政的派出机构；而教研组是教师的学术研究结构，是一个非行政性组织，不具有行政方面的职能，应该尽量避免将教研组这样的非行政性组织行政化。

年级组和教研组都要抓教学，教导处和教科室也都要负责教学，因此常常出现一些工作大家都去管，可是管的人越多，就越是管不好，这反而增加了教师的负担；而有些工作却没有人管，出现管理上的盲点，出了事故也没有人负责。这里就涉及分工中的另外一个问题——岗位职能。

考虑岗位职能的意思是，在明确分工、划清工作内容边界的同时，我们还要明确各部门的职能和运行方式。比如，一般来说，教务处和政教处、年级组的职能主要是“监督—指挥”，科研处、教研组的职能主要是“指导—服务”；校务办公室和总务处的职能主要是“服务”。

因此，同样是管教学，根据职能分配情况，教导处和年级组是行政化的刚性管理，它们可以分派任务，然后检查、评比、考核、奖励、惩罚；而教科室和教研组是学术化的柔性管理，它们不可以指挥和分派任务，它们只能号召、感染、激励、带领，并且在教师最需要的时候给予适当的指导和帮助。

因为各部门和各机构的职能不同，所以它们的权力也是不同的。因此，光分工还不够，还要分清职能，分了职能还不够，还要分权。那到底该如何分权呢？请看下一条关于合理分权的建议。

第三十二条

适度分权，让学校充满活力

假定你们学校所有人都听命于你，一切都由你说了算，事无巨细，其他人都按你的指令行事，甚至你不发指令学校就无法正常运行，那么我们可以说你是学校里权力最大的人。可是，全校大大小小的事务都由你一个人说了算的话，你根本忙不过来，而且一定会屡屡出错，后果一定糟糕得不可想象。

我们把在学校里“什么都是他说了算”的情况叫作集权，准确地说，如果学校中所有的决策权收拢到一点，最终落到一个人的手中，赋予校长或其他某一管理岗位上的人最大的权力，他具有做出决定、发布命令和为确保命令得到执行而进行奖惩的权力，那么这种组织结构就是集权式的。

在学校里校长说了不算，一线教师对自己的工作说了算，每个教师都像是学校的校长，也就是决策权在很大程度上分散到处于较低管理层次的职位上，他们不必听校长和其他管理者的指令，他们自己给自己发布命令，那就叫作分权，这种组织结构就是分权式的。

集权式管理的利与弊，我们分析一下秦始皇就知道了。

秦始皇建立了中央集权制度，他一个人大权独揽。中央设丞相、御史大夫、太尉，由皇帝任免，他们绝对服从和执行皇帝的命令。在地方建立郡县制，将全国分为 36 郡，郡下设县，郡守、县令由皇帝直接任免。结果在秦始皇的领导下全国统一了度量衡、货币和文字，统一了法律。只要说到秦始皇的丰功伟绩，一定离不开一个关键词“统一”，特别是他结束了诸侯割据的局面，统一了中国。

可是，秦始皇的害处呢？

虽然人们知道集权制的优越性，但还是批评声多于赞美声，那是因为集权制（尤其是极端的集权制，即极权）极大地伤害到人民的自由，而自由是人民最珍贵的财富，无论新思想还是新创造都是自由的结果。集权制不利于思想文化的发展和创新。而且，虽然集权制能有效地组织人力、物力和财力从事大规模的生产活动，可以集中力量办大事，但大到一个国家小到一所学校，如果只有一个中心、一个头脑，人们可能根本无法理解一个国家或一所学校的全部决策，因此一旦决策错误可能会导致无法挽回的损失。而集权制条件下的很多决策又是错误的。

显然，分权能让学校的各个部分对此时此地的状况做出迅捷的反应。研究表明，分权显然能提高教职员工的工作动机，激发他们的创造活力。当然，分权虽然听上去很美妙，可实际上也并不是十全十美的。因此对校长来说，你要做出选择：是倾向于集权还是分权？或者在哪些事情上集权，在哪些事情上分权？

我认为，在以下情况下，校长不妨集权：学校规模很小；学校刚成立；质量低下，校风堪忧；决策的技术含量很高而掌握这一技术的人才匮乏；教师队伍涣散，素质不高。反之，采用分权更好。

可是，在相当多的情况下，集权还是分权并不是以校长的个人意志而转移的。内部和外部的环境因素有时候起决定作用，比如，学校传统上就是强权领导的，你要是主张分权就会显得懦弱，影响到校长的影响力；学校成立越久，它的行为越规范，你要是贸然集权会引发强烈的反抗；学校越大，行政干部越能干，你就不得不倾向于分权；学校面临巨大的危机或极大的挑战，这会驱使学校暂时采用集权化的结构；学校外部控制力越大，就越趋向于集权；中层部门扯皮非常严重，会逼迫你采用集权的方式；学校高层干部中如果有人非常迷恋权力，也可能会使学校走向集权。

如果经过理性思考，你决定分权，那么如何有效地实现分权呢？我们可以将分权分为纵向的和横向的，纵向授权主要是向下属的授权，而横向授权则是向学校的民意机构或专业机构的授权。

首先是纵向分权，纵向分权也叫“授权”，就是将权力落到信息最充分的层级，可以授到你的下属部门，也可以授到年级组、教研组或工作项目组，最彻底的授权当然就是直接授予一线教职员工了。

科学、合理的纵向授权是由有机联系着的四个环节构成的。下面我以学校组织运动会为例来拆解一下授权过程。

第一步是分派任务。你决定将组织运动会的任务授权给体育教研组。你告诉体育组长，学校决定在什么时候、什么地点举行多大规模的运动会，希望运动会达到什么样的要求。

第二步是授予职权。校长可以根据需要授予下属一部分职权，所授权力主要包括决策权（搜集信息、处理信息、做出选择、组织实施）、监督权（检查、监督、督促）、人事权（聘用、解聘、培养）、评价权（表扬、批评、绩效评估）、指挥权（指定工作进度）、奖惩权（奖励、惩罚）、指导权（辅导帮助、训练）等。我们一般不会把这些权力全部授予别人。校长在授权时要表述清楚，比如说，校长要告诉体育组长，在组织校运会过程中，他可以宣布裁判名单，可以指挥各个部门和班级，可以指导各班备战运动会，可以评价参与人员的表现，可以在运动会结束后对筹办运动会的有功人员实施奖励。

第三步是明确职责。比如，校长要告诉体育组长，哪些是他的职责，也就是在哪些事情上他要承担责任。为确保运动会井然有序地开展，校长还要明确其他各部门的职责，比如政教处要对运动会的秩序负责，教导处要对运动会前学生的训练时间负责，总务处要对运动会的安全负责，等等。

第四步是确认监控权。每一项重要的工作任务都要有人或者部门负责监控。比如说，校长要告诉分管副校长认真履行监控权，要检查、督促体育组和各部门履行他们的职责。

以上是纵向分权的一些做法，下面介绍一下横向分权，横向分权主要有以下两种情况。

一是让全校教职员工共同决策。所谓共同决策主要就是运用表决方式决定学校事务。研究认为，每个人都同等地分享权力是横向分权的极端表现。在实践中，成功的例子不多，即使成功也是集中在人事和福利领域，其目的仅是“诱使”员工更为顺从。

如果说学校民主有极限的话，极限应为参与式管理。学校不能无条件地民主，这是由学校性质决定的。什么是参与式管理？所谓参与式管理，是在学校做出行政决定前，能依照教职员工的个人因素、事务的性质、当时的客观情境，让他们参与适当的决策过程，以期达到学校预定目标并满足个人心理需求的一种管理方式。

这里要强调的是，让教师参与决策并不等于教师拥有了决策权。既然并非授予教师决策权，那为什么还要让他们参与决策呢？那是因为管理者给予员工参与决策的姿态本身能使教师感觉自己受到了尊重，受尊重是学校骨干教师的一种强烈的心理需求；还因为适当的参与有利于校长达到预定的目标，那些参与者更容易成为学校目标的支持者。

二是将权力转移给专家，请专家进行决策。我认为在学校重大问题上，尤其是在学校发展规划、评价制度、课程改革、伤害事故处理等问题上要多听取专家的意见，虽然在人数上教师多于专家，但是专业领域里的知识数量和质量却不是以人数的多寡来决定的。

根据上面讲到的纵向授权和横向授权的原理，我们可以拿出五种方案。

一是纵向和横向的集权。这个方案中，决策权集中在一人手中，高层权力膨胀，校长掌握着全部权力，自行做出所有决策。这是集权中最严厉的一种，被称为专制和极权。

二是有限横向分权。这个方案中，校长掌握的权力不授予各中层部门，这些部门显然被“架空”，校长会与学校若干专家型教师或“元老”

级教师商议学校大事，这些教师在分享学校的非正式权力。

三是有限纵向分权。这个方案中，校长将权力授予中层部门，让他们放开手脚自主工作，但是，校长保留对所有部门的最终正式权力。

四是选择性纵向和横向的分权。这个方案中，在纵向上，校长将权力绕过中层，直接授予年级组；在横向上，则发挥各部门主管的作用，使他们变成课程、教学和德育方面的技术专家。

五是纵向和横向的分权。这是一种极端的做法，就是将权力直接授予一线教职员工。

以上五个方案，一个比一个更显示分权的倾向。我想，假如外部控制力减到最小，学校发展态势极其平稳，每个教师的专业水平都能符合岗位要求，而且他们都十分乐意并满腔热忱地投入工作，那么校长何必恋权呢?

成功的分工或者分权，不仅要符合学校需要，还得考虑教师和干部的个人偏好。如何兼顾教师和干部的偏好从而更好地发挥他们的潜能?请看下一条建议。

第三十三条

消除职业倦怠，调动教师工作积极性

我花了不少篇幅在与大家探讨包括分权在内的分工问题，那是因为如果做不到合理分工，学校效率就不会高。

但是，困难在于，我们在分工时，不仅要考虑学校需要和专业要求，还要考虑教职员工的个人偏好，无疑，将人员与工作做完美的匹配是实现效率最大化的不二法门。不过，要做到这两者之间的匹配，着实很难。如果仅考虑岗位需要而不顾教职员工的偏好，这会导致他们的不满，最终我们所要的效率依然无法达成。而且，不顾及教师的个人偏好，会影响到他们的精神健康状况和成就感，由此又会引发教育质量问题。当前教师的职业倦怠似乎与学校分工不当存在关联。

那么，我们可以设想哪些方法来解决这一问题呢？

第一条思路：能不能扩大他们工作的广度呢？

我们假定教师的不满意是因为他们的才能没有得到充分利用，日复一日的重复性工作使他们身心疲惫。其实，每个人都不喜欢一成不变，人们渴望迎接更多的挑战。于是，我们可以扩大他们的工作范围，加派给他们一些本专业以外的工作，比如让他们参与招生工作，或者让他们加入和领导某个项目组，或者到校长室来挂职和体验管理工作，希望他们在新的挑战中消除倦怠。

这方面的实验结果是，扩大工作范围确实提高了一部分员工的工作满意度，但对于大多数的教师来说这么做并不能产生真正的作用。于是，我们尝试：

第二条思路：能不能扩大他们工作的深度呢？

我们假定，教师的倦怠是因为我们这些当领导的把什么都想好了设计好了，一切都计划好了，然后才布置给他们去操作，这会使他们很厌烦。那么，如果我们让他们自己去制订计划，由他们自己确定工作的步骤和方法，自己去修正工作中的问题，这无疑会丰富教师的工作体验，尤其是使他们体验到自我效能感和成就感。

显然，第二条思路优于第一条思路，教师们会表现得更积极和主动，特别是那些个人发展要求强烈的教师，他们更需要尊重和宽松的工作环境。但这还不够，于是我们尝试：

第三条思路：能不能给他们个人更大的独立工作的空间？

我们假定教师的倦怠来自自由空间的狭小，那么我们允许他们自己选择中意的办公室，自己选择办公桌椅和办公室装饰风格，自己选择笔记本电脑的品牌和型号，他们的状况会不会有所改善呢？

实践表明，这么做显然使教师更乐意投入工作，而且感受良好，工作效率也获得了提高。看来，教师工作场所的舒适度与他们的绩效相关。可是这么做也不能完全解决问题，于是我们尝试：

第四条思路：能不能让他们发现工作的意义，以使他们产生职业自豪感和尊严感？

我们假定教师的倦怠来自他们对职业的认识，他们没有发现自己的工作有多大的意义，这导致他们不思进取。那么，我们可不可以设法改变他们的认识呢？我想，存在着改变的可能。

我们可以通过将教师工作和一个油印工的工作做一个比较，看看两者有何不同。我们可以告诉教师，两份工作有以下五大不同。

一是技能要求不同。油印工的工作技能更单一，而专业要求更低。

二是任务的特征不同。教师工作任务的整体性和系统性更强。

三是工作任务的重要性不同。显然，在学校，教师的工作更为重要。

四是自主权不同。油印工的工作标准明确，越是标准明确的工作越少自由。

五是反馈不同。没有人或很少有人在意一个油印工的工作成绩，比如印了多少份，印的质量如何；可是教师的工作，却有太多的人给予评价和反馈，比如学生、家长、同事、专家和领导。

然后我们可以告诉他们什么是有意义的工作。如果一份工作与其他工作相比，在以上五个特征中有三个占优势，那么这份工作就十分重要和有价值。世界上还有哪些职业比教师职业更值得去做呢？强调教师工作的价值显然能增强教师的责任感。但还不够，我们可以做更大胆的尝试：

第五条思路：能不能让他们在一定范围内选择工作岗位？

假定教师的倦怠是因为目前的工作不能满足他的偏好，比如他不喜欢与他搭班的同事，他感觉自己与所教的班级无缘，他可能更向往教毕业班，可是我们不能满足他，反而要求他努力适应工作。也许他做些许改变就可以适应工作要求，可是他不愿意做出改变，人们一般都不会轻易改变自己的工作方式，这正如管理大师彼得·德鲁克所言，“一个人的工作方式是既定的，只能对其进行微小的修正”。尤其对那些中老年教师来说，改变工作方式也许意味着和固有的那个自我决裂。

正因为一个人的做事方式是不可能被完全改变的，那么我们就不必再强求他们去适应工作，我们可以反过来迁就一下他们，根据他们的喜好去匹配工作。

可是，你马上就会觉得这不可行，因为学校岗位只有这些，不可能做到每个岗位都正好满足一种偏好。有些岗位大家都想去，而有些岗位则无人响应，那怎么办呢？

我想办法只有两个：一是给那些对学校来说不可或缺的骨干教师自主选择岗位的优先权；二是把那些热门岗位拿出来，通过竞争方式来配置，比如说毕业班语文教学是热门岗位，这样的岗位只有 4 个，而有意愿的教师却有 6 个，那么可以公开竞争一下，从中确定 4 个。

可是这么做存在两大隐患：一是激烈的竞争往往会破坏学校合作型

的文化。竞争可能诱发教师间的矛盾，而且会使整体的学校文化倾向于保守，显然这不是我们希望看到的。二是很有可能导致班级之间在教师配备上的不平衡。我们一般配置教师，在一个行政班的任课教师中，会配上若干“强手”，也会搭上若干平庸的甚至差劲的。如果某个班优秀教师过于集中，这对其他班级来说就是损失。

在这方面，我的建议是，校长们一定要认清当前学校的主要问题，如果我们面临的主要问题是教师的倦怠，那么为缓解他们的问题所采取的策略，一定会导致别的方面的负面效应。我要重申的是，永远不要期望一个没有任何副作用的药方，校长的理性就在于权衡成本和收益的关系。如果你预估到采取竞聘上岗的投入小于产出，而且风险可控的话，那你就义无反顾地行动吧。

第六条思路：能不能将一些零碎的工作打包起来？

我们假定，教师的倦怠是因为平时的工作太细碎，那使他们很忙乱。假如每件工作都是孤立的，人就很容易厌倦。

比如，今天我一天的生活，9:00 起床，然后洗衣服，10:15 擦窗户，11:30 整理冰箱里的食物，13:00 开始写文章，15:00 带女儿去采购烟花，16:30 我给小侄女买玩具，17:00 我去理发了。瞧，我的一天多么零碎，如果你给我布置每一件事，我会发疯的。

可是，你在布置这些小事给我之前，布置给我一件大事，说今天你的任务是准备过年。那么，这些看似零碎的小事就都是围绕着过年这一件事了，连写完文章都是为了更好地过年。这样你就把所有细小的任务打包了起来分派给我，这给我的感受好于布置我做那些没完没了的细碎活。

校长和管理者要学会将已有的零碎任务合并在一起形成一个新的、更大的工作模块，将新的、更大的工作模块布置给教师，而不要将任务细碎化，这样更能让大家接受。如果你能每个月只给教师布置一项工作，而不是每天都布置工作，教师们会感激你的，虽然你布置的那项打了包的工作在总量上与细碎工作之和是一样的。

你还要学会将打包的任务分派给一个项目团队，让他们内部自己分工去完成那些细碎的小事，这会使这些小事都显得很有趣。

关于分工、分权，我就谈到这里吧。下一条建议是关于协调的。如果学校完成了合理的分工和分权，可是四分五裂、各自为政，人们不能很好地协调起来，那你的分工和分权岂不枉费心机了？

第三十四条

以标准化的方式将各个部分协调起来

在上几条建议中，我们谈到了分工和分权，其实“分”不是目的，“合”才是目的，这就要谈到另外一个重要的概念：协调。

什么是协调？从语义上看，“协调”中的“协”和“调”都具有“和谐”“统筹”“均衡”的意思，“协调”这个词用在学校里就是“配合得当”的意思。就比如说，人体的各个器官分工很明确，头脑、心脏、手指等都各自完成自己的工作，头脑不可替代心脏，十指虽然连心但是十指不是心。而我现在写作时，那些器官就要配合得当——心脏在为头脑供血，以确保我的头脑不缺氧；头脑在高速运行，积极地思考；手指服从头脑的指挥，在写字板上画出美丽的线条。

其实，学校的运行与人体运行的道理是一致的，学校的各个岗位需要相互协作、配合得当、互为促进，这样才能完成学校的特定目标。

什么样的组织，它的有机体才是最有效的？

当组织有了方向感时，这就会有效吗？比如，组织具备了目标，富有战略远见，有成功的创新和高度一致的价值观，等等。这样的话，组织的运行效率是否就会得以提升呢？有学者认为，这些实际上都超出了组织可能控制的范围，因此它们可以表现为正面的，也可以是负面的结果，并不一定能证明组织是有效的。

当组织实现分权管理时，这就会有效吗？按理说，组织要鼓励掌握实际情况的人，由他们来做出符合实际的选择，可是由他们就地决策真的更有效吗？如果这些人不具备足够的选择和决策能力，而且他们在道德上又是不值得信赖的，那么就地决策就是低效的。

当组织明确了各自的责任时，这就会有效吗？组织系统内“人人有事干，事事有人管”，清楚地界定了每个岗位的责任，可是组织做到这一点也未必是有效的，因为如果组织不能根据目标和标准对工作绩效进行监测，或者各个岗位各尽其责却“老死不相往来”，所谓责任也就是空洞的。

组织的效益显著，组织就是有效的吗？组织的资源得到了最佳利用，组织用最小的成本获得最大的产出，但是也不能证明它是有效的，因为有一些效益是不能持续的，比如学校教育中的急功近利现象，表面上看它效益很高，但隐患不小。这正是所谓的“短期有效，而长期无效”。

组织适应性很强，这就有效吗？组织对外部环境变化能做出迅速的反应，这也不能证明有效，因为环境变化的趋势未必都是好的，在一个不健康的社会里，环境的一些变化本身就是社会的病态反应。

以上我否定了组织的方向、分权、责任、效益、适应性等因素与组织有效性的必然关系，是为了强调组织内部协调性的重要性，当组织内部的协调性很强时，组织的有效性才获得最佳的保证。组织有机体中的各个部分和各个要素之间相互支撑，任何行动在整个工作流程中都不会受到任何阻力，这是组织有效最大的特征。其他的，比如组织目标、分权程度等都是为组织的协调性服务的。或者说如果学校内部不能协调，学校不和谐、不能统筹、欠均衡的话，目标、分权、责任等这类美好的愿望都是没有意义的。

据组织管理专家研究，作为一个组织系统，一所学校的成熟大体可分为以下五个阶段。

第一个阶段是“创业阶段”。这一阶段规模小，人心齐，关系简单，学校要想健康地生存和发展，完全取决于高层管理者的素质和能力。在这一阶段，学校组织结构还不正规，对协调的需要还很低，只存在着非正式的信息沟通。

第二个阶段是“引导阶段”。这一阶段人员开始增多，学校不断壮大，决策量增多。在这一阶段，学校的中层管理机构越来越强健，各职能机构之间的协调问题越来越多，信息量增加，信息沟通变得越来越重要，也越来越困难了。

第三个阶段是“授权阶段”。随着学校的进一步发展，由职能机构引起的问题增多，学校倾向于将权力授予年级团队和项目团队，学校高层和中层管理者不再负责日常的管理事务，向下发布命令的次数减少了。但是伴随着分权，学校往往又会产生对各工作团队失控的问题。

第四个阶段是“协调阶段”。在这个阶段，学校建立了完善的规章制度，各种正式的规则、标准和程序开始发挥作用。标准化的各项措施有助于增强各中层部门之间、各团队之间、各部门和各团队之间的相互配合，但可能带来因标准化而过于僵化和片面性的问题。

第五个阶段是“合作阶段”。在这个阶段，学校组织各项活动时有了较大的自主性和自觉性，个人间的主动合作被鼓励，管理开始以人为中心。

以上有关组织成熟阶段的假说，试图说明一个问题：走向成熟的学校必须跨越“协调”阶段。而这个跨越的过程就是标准化的过程。

我们可以比较一下以下几种协调机制的优劣，以便做出理性决策。

第一种协调机制是“相互调节”。这是人与人之间通过非正式的简单沟通来实现对工作的协调的机制，校长若发现哪里不协调，亲自与某人“打个招呼”就行。凡事你要亲自去打招呼，在规模小、任务不多的情况下完全可以，反之则不行。他人凭什么会听从你的“招呼”？因为你们之间有情感关系，反之则无效。

第二种协调机制是“直接监督”。当发现不协调的时候，校长对他人发布指令，强令他人协调起来而且亲自监督协调情况。校长发布指令并加以监督，前提是你的下属要对你负责，你是他们的上司，你有行政方面的职权，反之则无法消除不协调；或者你是学术方面的权威，他人愿意服从真理，反之则没有人服从你。

这种协调机制十分强调以下层级管理的原则。

（1）上下级之间是一条等级链，从最高层到最低层的等级链必须是连续的，不能中断，并要求明确上下级的职责、权力等，只有上级才能发布指令并实施监督，下级只能被动接受。

（2）任何一级部门和机构只能由一个人负责，实行首长负责制。学校是校长负责制，教导处是主任负责制，教研组是组长负责制，班级是班主任负责制；必须由正职领导副职，副职必须向正职负责。

（3）下级部门及机构只接受一个上级组织和个人的命令与指挥，要防止出现多头领导的现象，要杜绝“婆婆多”的现象。班主任到底听谁的命令和指挥？要么是政教处要么是教导处，得非常明确。年级组长和教研组长分别听从哪个部门的工作布置，哪个部门才有权召集组长开会讨论工作，这些问题预先都要有明确的规定。

（4）下级只能向他的直接上级请示汇报工作，不能越级请示工作。教研组长只能向教导主任请示汇报工作，教导主任只能向分管教学的校长请示汇报工作；下级必须服从上级的命令和指挥，不能各自为政、各行其是。只有出现不同意见，方可越级申诉，比如教研组长对教导主任的指令不服，可以向校长反映情况。

（5）上级不能越级指挥下级，以维护下级组织的领导权威。比如，校长可以越过总务主任检查安全工作，但是如果发现安全隐患不可以越过总务主任直接向总务工作人员发号施令，否则总务主任的威信会受到损害。

（6）技术和学术部门一般只能作为同级直线指挥部门的参谋，而无权对直线领导者的下属下达命令和指挥。比如教科室与教导处同级，教科室的职能是为教导处出谋划策，却不可以直接指挥教研组的工作，因为教导处是行政指挥部门，教研组可能是教导处的下属单位。

第三种协调机制是“标准化”。当你发现不协调的时候，你不是用情感去“相互调节”，也不是用权威去“直接监督”，而是将学校看作靠一系列规章制度运行的有机体，使学校中的每一个成员，无论职位高低，无论情感近疏，都必须依照规章制度办事。也就是说，这种依靠标准来运行的机制，强调学校的人际情感和管理权威不再是协调的基础。

所谓“标准”是符合科学原理和符合学校实践经验的总结，这些总结是在本校范围内获得了多次验证，被大家广泛接受，从而共同制定的可重复使用的规则。

学校的标准主要包括以下几条。

（1）工作输出标准。从大的方面讲，学生的培养目标就是学校的最终输出标准；从小的方面讲，学生学业成绩、行为规范水平、体育锻炼标准、视力标准、学生和家长对学校的满意程度都是学校与教师的工作结果及目标，也是输出标准。

（2）工作流程标准。从管理上来说，工作流程包括计划、实施、监控、评价、总结，应设定每个环节的执行标准；在德育工作中，对越轨学生的处理，从调查取证到听证会，到学生申诉，都要设定标准。此外，质量监控程序、不合格控制程序、教师教育事故和学生伤害事故处理程序都是学校必不可少的工作程序。

（3）教职员工岗位技能标准。我们希望教师具备哪些技能要明确提出来，这便于教师的引进、聘任、解聘和培训。我国已经发布了教师专业标准，至于如何将国家标准化为学校各岗位的技能标准，还有很长的路要走。

随着学校管理和教育教学工作变得越来越复杂，学校的协调机制应该由“相互协调”转为“直接监督”，再到“标准化”，而后要从流程标准化到工作输出标准化，再到技能标准化。这对不太支持标准化的中小学来说，难以真正做到。

下一条建议我还将与大家讨论“标准化”问题。

第三十五条

制度建设应优先考虑评价性制度

我们如何让一名不愿意扫地的清洁工努力工作呢？靠感情感染他？靠权威“修理”他？还是靠制度管理他？对一个本身不愿意努力工作的员工，我们希望通过制度来制约他，或者说，制度给人带来的强制力是最大的，也是最公平的。

什么是制度？关于广义的制度我们已经讨论了很多，学校的体制、机制、治理结构、治理方式都是制度。这里讲的是狭义的制度，是指学校制定的要求全体成员共同遵守的办事和行动准则、标准。经济学家诺思在《制度、制度变迁与经济绩效》中说：“制度是一个社会的游戏规则，更规范地说，它们是为决定人们的相互关系而设定的一些制约。”我引申一下诺思的话，制度就是学校的游戏规则，制度用于调整人与人、人与工作之间的关系，是用来防止人性中的“恶”的，也是用来激励“善行”的。所以，制度既有约束作用，也有激励作用。

有专家提出学校文化比制度更重要，我不那么认为。文化和制度的功能不同，假定人们是愿意努力工作的，于是学校通过文化建设给人方向和共同的价值观念；假定人们是不愿意努力工作的，因此学校要通过制度来约束他们，迫使他们。人其实既有善的一面也有恶的一面，他有时候愿意而有时候不愿意努力工作，所以制度和文化是学校有效管理的两大支柱。对那些偷懒成性贻害学生的教师，用制度显然优于靠文化。

那么，制度为什么能做到让一个不愿意扫地的清洁工努力扫地呢？那是因为制度至少有以下可见的功效。

第一，因为制度比人更稳定和可靠。管理清洁工的总务主任是肉身的人，有七情六欲，他和所有人一样是不完美的，他可能有时候会出尔反尔、反复无常，而制度不会。

在稳定可靠和完备的制度面前，清洁工几乎找不到空子可钻，可面对一个人——总务主任，却有太多的空子可钻。靠制度进行管理可以有效抑制人的机会主义行为。

第二，因为制度产生了一种强制力，比道德、文化价值观更为强硬的一种强制力和约束力。不是制度本身的强制力，而是制度背后的公正性让每个人都无话可说，让清洁工感觉到了敬畏，不努力工作必定会受到惩罚，这使所有人产生了敬畏。

第三，因为制度能提供持续稳定的刺激和激励。人们是在刺激和激励下更努力工作的，清洁工清楚地知道自己努力工作的话，会得到制度所给予他的怎样的报偿，这为他努力扫地提供了更多合适的理由。制度提供了足够的关于激励方面的信息，正是通过这些有效信息，清洁工开始设计自己行为的方向和方式，并预期自己行为的结果。

你明白了制度这个游戏规则有那么大的作用，于是你费了好多心思去制定学校的规章制度，拿出一厚沓的文本来，可清洁工可能依然不能很好地扫地，学校的清洁状况还是没有得到改善。这可能是因为你的规章制度本身存在问题，正是规章制度文本中的一些问题导致规章制度最终成了一堆废纸。

我认为有效的规章制度必须由“评价性”制度领衔，那些与评价无关的制度往往是一纸空文。你在制度上写着要“热爱学校的清洁事业”，这是空话，你写了这句话，可是不能执行，也无法检测，不是空话是什么呢?

所谓规章制度要由“评价性”制度领衔，是指学校规章制度应包括四个制度系列，其他三项制度——“规范性”制度、“程序性”制度和“奖惩性”制度都要服务于“评价性”制度。这就是说，我们向清洁工介绍学校关于清洁方面的制度时，告诉他以下四句话就行了。

第一句话，作为本校的清洁工，你的工作我们是要评价的，我们评价你是从以下这些方面进行的。

第二句话，为了使我们对你的评价更客观，我们的评价是有依据的，这些依据都写在了“规范性”制度中。

第三句话，为了使我们对你的评价更公正，评价是讲究程序的，这些程序都写在了“程序性”制度中。

第四句话，为了体现评价结果所反映出来的你的真实工作情况，我们要对你实施奖励或惩罚，这些规定都写在了“奖惩性”制度中。然后，就看你的表现了。

以上以清洁工为例，介绍了什么才是由“评价性”制度领衔的学校规章制度体系。通过制度建设，你也可以对教师说这四句话：我们是如何评价一个教师的，我们这么评价你的依据是什么，我们是按照怎样的程序来评价你的，评价完成后我们怎么奖励和惩罚。我想对一个教师说这四句话，其效用比说四万句“热爱党的教育事业”更大。

那么如何评价教师才有效呢？

首先是评价内容，我认为评价教师关键是看他的工作绩效。至于师德之类的内容，因为缺乏具体可测的标准，所以我不赞成列入评价内容。而看一个教师的工作绩效无非看以下几项。

（1）工作结果：参照有统计意义的学生学业成绩以及学生对教师的满意程度。

（2）工作行为：参照教师履职情况和日常行为规范、教育教学规范和教育教学事故发生情况。

（3）工作能力：参照其学术成就和个人专业发展情况。

（4）工作责任：参照个体承担的对其他成员的管理责任。

（5）工作贡献：参照个体在计划外为学校做出贡献的情况。

但是教师的工作不是个体户的工作，他不是私塾教师，他的所有工作都不可能离开他所在团队的支持，因此在衡量教师绩效的时候要加入团队的因素，即参考该教师所在的教研组、年级组或项目组内部成员的感受和工作业绩。

以上是评价的内容。那么评价方法呢？我认为无论用什么评价方法，都必须有依据，而且要清楚地告知评价对象具体的评价依据。比如说：

一是工作量的评价依据：每一个年级、每一门课，满工作量的标准是多少节课。

二是工作绩效方面的评价依据：学校对工作结果所设定的目标是什么，你的工作行为规范是什么，你的工作能力要达到什么程度，你的岗位职责是什么，学校期待你在岗位上做出哪些额外的贡献，学校对教育教学事故是如何界定的。

有了评价依据之后，我们再来看评价工作的操作流程，规章制度应该规定评价教师绩效的具体流程，要告诉他们：是由谁做评价的，每一项评价的方法是什么，先评价什么后评价什么，评价结果是怎么反馈给你的，如果你对评价结果持有异议该怎么办。

之后，规章制度要宣布学校是如何奖励评价结果优秀的教师的：如何发放岗位津贴，如何发放绩效工资，如何评选荣誉称号，如何晋升职称，如何晋升干部岗位。最后，制度中要写清楚相关罚则，尤其是对教育责任事故的处理办法。

如果你听了我的建议，对学校规章制度进行了大幅度的调整，可是教职员工的工作表现可能还是没有达到你的预期。问题出在哪里呢？我想问题可能出在学校缺乏制定规章制度的规章制度，而且管理层没有恪守制定规则的规则。从国家层面上看，为保证所立法律本身的规范性，以确立法律的权威性，还专门制定了《中华人民共和国立法法》，这就是关于法律的法律。

学校制定规章制度也要受以下规则的制约。

一是要符合民主程序，那些由校长一个人关在办公室里炮制出来的规章制度是出不了办公室门的。

二是制定的规章制度不能秘而不宣，要广泛宣传，让所有人充分知晓。

三是规章制度不能追究人们以前犯过的错误，如果追究前人前事，就是在“报复”了。

四是规章制度的条文之间是不相互抵触的，如果相互抵触那会让“好人”无所适从，使“坏人”有机可乘。

五是要让大家都能做到，否则规章制度就成了“神仙条例”。如果人们只可仰视而无从实行，这会破坏规则的权威性，那些标准太高的规则简直是对人的刁难，因而是恶意的。

六是不能朝令夕改，规章制度不可以频繁更易。频繁更易的规则使人无法对未来做出准确的预期，“朝令夕改”只会加重人们的不安全感，增加人们的反社会行为。

最后一条是规章制度产生以后，必须严格执行。严格执行虽然摆在最后，却是最重要的，因为缺少这一条，即使规章制度具备了前面的六条，人们依然不会努力工作。

那么如何提高规章制度的执行力呢？在下一条建议中我们继续探讨。

第三十六条

提高制度执行力，关键在于做好沟通

制度不是摆设，制度的效用是在执行中实现的。

可是，制度不是起草一个文本然后宣布下去就能让人自觉遵守的。制度是学校内部的人与人、人与组织之间以及组织与组织之间互动和博弈的结果。就如这些年里全国范围内的绩效工资改革，表面上看，不就是变更了一项分配制度吗？可其实没那么简单。绩效工资改革其实是一场博弈，最后的绩效工资制度得以实施，一定是通过博弈而达到了某种平衡。因此，制度建设就是打破某种平衡而获得新的平衡的过程，在这个平衡点未找到之前，这项制度的执行肯定是不彻底的。

那么，在何种情况下，制度的执行力会达到最高呢？答案是，那些从习俗出发的制度，它们的执行力最高。

长久以来，人们在共同博弈中，形成了一个“自发秩序”，然后由“自发秩序”演化成惯例，再由惯例变为正式的制度，这些制度的执行力一定是最高的。而由管理者人为制定的，然后通过某种强制力强制执行的制度，即使可能修订得非常完美，可毕竟是外来的而非内生性的，因此执行中阻力就会大一些。

但是，为又快又好地实现办学目标，我们不得不人为制定制度，因为我们没有那么多时间等待“自发秩序”的形成。在这种情况下，我们如何加快制度变迁呢？

我认为，应让学校制度的制定与推行都基于和伴随着问题解决，因为往往只有在发生问题时，或预见到即将发生问题时，原有的制度均衡才可能被打破。当制度不均衡时，人们会不安于原有的制度安排，于是产生改变自己行为的动机，这时制度会加速演进。所以我主张校长在制度建设方面要趁势而为，紧紧抓住危机性的和有挑战性的问题，对原有制度进行颠覆性的改造，这是一个方便的法门。

不过，在一般情况下，没有必要在制度均衡时急于加速制度变迁，因为制度建设是需要成本的，人们往往重视制度的效用却忽略制度的成本。越是缺乏内部价值认同的制度，其执行成本就越高。我们不得不注意到一项新制度的推出，除了规划设计、组织实施的费用之外，还要加上清除旧制度的费用，加上消除阻力的费用。很有可能新制度的推出是一件得不偿失的事。

还有一些因素会阻碍着制度的执行，比如我们缺乏对制度足够的尊重和信仰，这涉及学校文化问题，而学校文化又受制于我们的传统文化，我们将在本书的最后来谈论文化问题。

我这里想和大家谈谈沟通问题。一些很好的制度之所以推行不下去，不一定是教师在反对这项制度本身，而是因为沟通不够。如果某项制度的推行有人反对，而你又必须推行这项制度，你要学会沟通。

其实，校长所做的每一件事几乎都涉及沟通问题。比如，你只有获得所有的相关信息才能做出正确的决策，而你是如何获取这些重要而真实的信息的呢？这取决于沟通。你一旦做出决策，必须将决策传达给下属，这也需要沟通。失败的沟通会给你带来无穷无尽的烦恼。

什么是沟通？

沟通就是你向他人发送信息。你为什么要向他人发布信息？你是为了获得反馈，或是语言上的，或是行为上的。比如，我说：“没想到郑杰写的书这么差劲！”我滔滔不绝地向你证明这本书的糟糕之处，可是你却一言不发，脸部也没有任何反应，显然我的沟通是无效的；或者，你听到这句话后勃然大怒，与我绝交，这说明沟通失败了。

什么是有效沟通？

有效沟通是指信息发送者能够完全和准确地传达思想与情感，同时信息接收者会按照发送者期望的那样理解信息的含义。可是如果信息发送者并不能得到其期望获得的反馈信息，此沟通则是无效的。当沟通花费更少的时间和资源的时候，这样的沟通就是高效的。

校长在学校里与教师的沟通，有点对面的沟通，也有点对点的沟通。与全体教师沟通是点对面的沟通，与教师单独沟通，那就是点对点的沟通。这两种沟通哪一种更为有效呢?

将全体教职员工召集在一起，向他们解释一种新方案和新制度，显然会花费更少的时间和资源；如果每个教师都有其自身独特的问题，可能单独的沟通会更有针对性，也更有效。无论何种情况，校长都要自己权衡一下，采用何种方式才能实现有效的沟通。

不管你是面向一个人还是面向群体讲述，也不管你是写一本书还是写一封邮件，只要你开始沟通了，其步骤都是一样的。

第一，你要将你的思想编制成信息。你要是没有思想和想法，你就不能编制信息。就如我写这本书，先要有自己的思想和观点，然后我将这些思想、观点组织起来，编制成系统的信息。

第二，你要通过不同的渠道传递那些编制好的信息。你要向某位女士传达爱的信息，可能有以下渠道：一是语言渠道，比如打电话或者面对面正式讨论关于爱的问题；二是非语言渠道，比如触摸她的手，你含情脉脉的面部表情，你充满爱意的声音、语调；三是书面渠道，比如你给她写情书、发邮件、发微信，或索性为她写一本书。

第三，你要理解接收信息的那个人或那些人。你通过某些渠道传递出了你的想法，可是如果信息接收者不能感知，或者无法理解你的信息，那么沟通也是无效的。

第四，你发出的信息是否被对方感知和理解，你得根据反馈才能确知。你要捕捉对方的表情、动作等细微的反馈信息。如果你判定对方未能感知和理解你的想法，那就要调整你的编码，重新组织信息；或者你要改变信息渠道，比如原来是用文字渠道传递的，现在改用语言渠道更直接地传递。

关于有效沟通，有专家总结出四种基本技巧，供你在管理工作中借鉴。

1. 消除沟通中的障碍

有些障碍是语义上的。有一个笑话就是说语义障碍的：主人请客吃饭，眼看约定的时间已过，只来了几个人，主人不禁焦急地说："该来的还不来。"已到的几位客人听后扭头走了两位。主人意识到他们误解了自己的话，难过地说："不该走的走了。"结果，剩下的客人都离他而去。

还有些障碍是体态上的。比如，当下属提出建议时，如果你正好在想心思，眉宇紧锁、愁容不展，对方就会认为你拒绝采纳。

有些障碍是价值判断上的。你认为教师就是一群会抱怨的人，所以当下属抱怨课程内容完不成时，你可能就会充耳不闻。

有些障碍来自你的选择性倾听。本能上，人们喜欢听到自己希望听到的话，在你面对教师说的一大段话中，他们会断章取义，会不由自主地屏蔽掉若干信息，或者曲解你的真实含义以使你的话更符合他们的预想观点。教师可能会"听不见"关于其不佳行为的负面信息，因为它不符合他们的自我评价或预期；而在听课评课时，他们又只"听到"了对他的课的不满意见。

一些障碍来自过滤。你向某中层干部发布的信息，到他向下传递的时候，却变得不完整了；或者，下属在向你汇报的时候，也会隐瞒一些消极的信息。绩效考核需要对教师进行评估，这时过滤是普遍存在的现象。

一些猜疑也成为沟通的障碍。若你不信任对方或对方不信任你，沟通障碍就会加大。

以上这些障碍都是要设法消除的。有时，只需要双方认识到这些障碍，障碍就会自动清除或避免。

2. 传递清晰的、容易理解的信息

有时候一些障碍很难消除和避免，那么可以尝试通过拓展沟通渠道来解决。比如，你可以用三种不同的方式发布消息，你不仅在教职工大会上公开讲演，而且给每个员工发一封信或者发一则微信短消息，还与个别对象进行面对面的交谈。

此外，作为校长，你的描述尽量不要含糊或者暧昧，你可以不发表任何意见，如果要发表的话，就要保证意见的完整性和明确性；你也不要对重大决策做简单的解释，你在解释方案的时候应尽量把相关的情况也告诉大家，背景信息显然有助于大家进行正确的理解和决策。

在对人讲述的时候，你要习惯用“我”作为人称来谈论观点，你要常常说“我认为”或“我个人认为”，这样能显示你的真诚。如果你用“我们大家都认为”，对方会感觉自己很孤立，从而对你的话产生怀疑。

你的话要保持前后一致，就如我写的书，前后发生矛盾的话，读者就不会产生信任感；在对教职工说话的时候，你要避免使用专业性太强的“行话”，那些过于专业的话不仅听起来费解，而且使你显得虚假可笑。

3. 准确接收和理解信息

沟通是双向的。在你向大家发布重要决策后，在会后，要找几个人来，听听他们的反馈意见。一些校长在会上大谈其新政，底下教师不言不语鸦雀无声，校长就认为大家都同意了，结果实施起来却常常四处碰壁。你显然没有理解教师们沉默的理由。对他人信息的误读会影响沟通的有效性。

在有人发表不同意见时，你要积极倾听。真正的倾听是一个智力和情感过程，你需要投入全部精力。在倾听时，你要努力站在对方的角度看问题。你对对方的观点要有所响应，其实无论教职工大会还是个别谈话，你配合自己言语的表情、手势都要尽量丰富一些。千万不要对对方

的个别语句做出评价，也不要中途插嘴，因为这么做很失礼，容易引发对方的反感。

4. 学会与不同沟通风格的人交谈

我们总会觉得与某些人交谈十分困难，一些人似乎不可理喻，与他们沟通简直在浪费时间。校长应能快速推测他人的沟通风格、他们的偏好和憎恶，并调整自己的风格以适应对方。

一般来说，有以下四种沟通风格。

一是社交者风格。他们说话很直接，他们是情感化的，说话很快并充满活力。与他们沟通，你千万不要不耐烦或者急于结束谈话，要营造愉快的谈话氛围。

二是指导者风格。他们谈话时目的性很强，他们固执而急躁，他们很希望主导谈话并控制他人的行为。与他们沟通时你要保持务实的形象，你要尽量讨论实际问题。

三是思考者风格。他们一般不会直接表达自己真实的想法，有时他们显得冷淡、挑剔，好批评人。与他们沟通时千万不要出现对抗的局面，你每说一句话都要很谨慎，三思而后行，为此你应尽量做好准备，一定要做到自圆其说、无懈可击。

四是关系者风格。他们往往会无条件地对你表示支持和服从，虽然他们心里未必这样想；他们会尽量避免人际间的矛盾冲突，他们乐于接受温柔的情感，憎恶带有敌意的强硬口气。你只要支持他们的感情，并表示出对他们个人的兴趣，就可以很方便地与他们沟通。

另外，与不同性别的教师沟通情况也是不同的。总体来看，跟女教师更容易沟通，她们比较健谈，比男教师更容易接纳意见，也更善解人意。如果给女教师多一些情感方面的支持，她们比男教师更容易被你打动。

如果某项重大决策或制度，通过沟通依然无法推行，那么一场冲突将无法避免。下一条建议我们将讨论如何面对冲突。

第三十七条

有效化解人际冲突

一个校长在他的职业生涯中居然没有遇到过冲突，这是不可想象的。如果一个校长不幸未遇到冲突，他会失去若干次难得的成长机会。正是冲突，把我们磨炼得更成熟、更老到。在谈学校中发生的冲突之前，让我们从社会冲突谈起，冲突一直是社会学研究的领域。

什么是冲突?

美国社会学家科塞认为，冲突是价值观、信仰以及对于稀缺的地位、权利和资源的分配上的争斗。这个定义说了两层意思：

一层意思是说：冲突就是“争斗”，凡争斗都会让我们烦恼，因此冲突是个问题，而且是个严重的问题。

一层意思是说：冲突有两大根源，一个根源是价值观、信仰方面的；还有一个根源是分配不均，因为地位、权利和资源是稀缺的，所以一旦分配不均就极有可能发生冲突。

在学校，一般不会由价值观、信仰问题引发冲突。目前中国社会的冲突，在很多情况下是由社会报酬分配不均，以及人们对这种分配不均表现出失望造成的。比如拆迁引发的冲突、教师绩效工资引发的问题等，显然住户认为他们的房被拆了而他们没有得到满意的补偿，显然教师质疑干部岗位工资凭什么比他们的高。

为什么我们中国社会的冲突似乎越来越多了?

科塞认为，“弹性比较大、比较灵活的社会结构容易出现冲突”，相反，僵硬的社会结构出现冲突的频率则较低。以前冲突不频繁并不是一件好事，因为以前中国社会比较僵硬，统治者往往对民众采取压制手段，不允许或压抑冲突，而现在社会环境宽松多了。在僵硬的社会里，虽然冲突发生的频率不高，可冲突一旦积累和爆发，其后果势必十分严重，甚至严重到非得“革命”这样无法收场的地步。

以此我们也可以下一个判断，学校教师为了绩效工资而与当局或校方发生冲突恰恰是社会文明和进步的表征。

从某种意义上说，冲突比和谐更有价值。社会学家达伦多夫认为，社会的和谐中潜伏着冲突的危机，社会现实是冲突与和谐的循环过程。科塞甚至认为冲突具有诸多正面功能，冲突是一个社会中重要的平衡机制。

因此，校长们不必惊讶于冲突的频繁和加剧，不必刻意地消灭冲突，而要泰然处之。但是泰然处之并不意味着我们不去面对冲突和解决冲突，既然冲突是个问题，我们应该设法避免冲突的发生和扩大。这方面有些什么经验可以借鉴呢?

首先，我们要知道，冲突不是从天而降的，冲突的发生总是有原因的。一些冲突是由于缺乏很好的沟通而造成的，这个问题在上一条建议中我们已经讨论过；一些冲突是由人与人的差异决定的，就如一对夫妻性格不合，他们三天两头吵架似乎就是无法避免的事一样。校长要格外关注那些由地位、权利和资源的稀缺性而引发的冲突，部门经费、职务晋升、加工资等这类问题构成了冲突的主因。

有些冲突，表面上看是由缺乏沟通或者个人的差异引起的，可深究下去就会发现根子还是在稀缺性上。人们碍于面子一般不会直截了当地把真实问题呈现出来，他们会以冠冕堂皇的理由挑起冲突，比方说，他明明是因为评不上职称这口“恶气”无处可出，却举报校长私设小金库或乱搞男女关系之类。

冲突发生后，作为校长，你千万不要和教师一般见识，而应该坐下来耐心倾听，要就事论事地帮助对方解决问题。我记得有一次全体教师大会前，一个患有重病的老教师狠狠地捏着一个话筒气势汹汹地来到我的办公室，冲着我吼：“凭什么扣了我暑假的奖金？”还有一次，一个女教师在食堂里摔倒了，他的先生冲到我办公室里要求我算她工伤，补偿她精神损失费，还威胁说，如果不答应的话“立马教训我”。在这种情况下，你无论如何要气沉丹田，耐心倾听，用笔记下来，等他气焰消停些再与他摆事实、讲道理。

其次，要掌握处理冲突的策略。以下一些策略供大家参考。

1. 准确地评估冲突的实质

我们要用理性来判定：到底是什么导致了冲突？有哪些人卷入其中？卷入其中的人当中有多少人是可以通过做工作争取过来的？冲突一旦蔓延，最坏的结果会是什么？你无论如何要保持冷静，只有冷静你才能对上述问题做出准确判断，此后和平解决冲突也才有可能。如果你自己乱了方寸，则对方会更愤怒，双方通过协商达成妥协的基础也就不复存在。

你只有保持冷静才能准确地评估冲突，你会发现并不是每一项冲突都值得你去关注，因为有些冲突完全没有道理，简直可以忽略不计，而有一些冲突可能根本解决不了。

对那些属于胡闹性质的冲突，你完全可以忽略，你可以选择回避。虽然你的回避可能会被认为是怯懦的表现，可是又有什么关系呢？回避是对付胡闹的最明智的选择。一些冲突是无法解决的，一些冲突根本不是在你的权力范围内可以获得解决的；一些对抗是根深蒂固的，双方心平气和是根本不可能的，那就别去管了。何必逞强呢？你不要幼稚到真的认为自己能解决一切问题，你只需要应对那些值得应对和有能力应对的冲突。

2. 了解自己最擅长的处理冲突的方式

没有一种方式是万能的，你一定要找到自己最拿手的方式来应对冲突，因为每次冲突的发生都要求你迅捷地做出反应，你根本不可能深思熟虑。你可以在以下方式中做出选择：回避、迁就、强制、妥协以及合作。

回避。选择退出或者推迟冲突发生的时间。当对方情绪激烈或者对方有暴力倾向时，回避是最恰当的，“好汉不吃眼前亏”嘛！

迁就。尽可能地满足对方的需求，哪怕自己不那么愿意。比如，对方提出的那个要求对对方来说太重要了，甚至这个要求与对方的生命安全相关。那就选择让步吧。有时候你无法答应对方的要求，因为那会伤害另外一个人的利益，那么所谓迁就是让他们比拼一下，让胜者获益。比如职称名额只有一个，这个职称名额对某人太重要了，而评定小组已经决定将这个名额给另外一个人，那你就迁就一下，让他们公开竞争这个名额，这样你对他也就仁至义尽了。这么做你会受到一些人的指责，但别人的指责对那个问题的解决，可能并不重要。

强制。以某种无形或者有形的力量强力约束对方。对一些明显侵犯他人权益却振振有词的教师，你一定要站在正义的立场上，你可以强制停止他的工作，绝不妥协。对那些原来在学校就口碑很差的当事人，你正好可以通过教训他来为自己赢得权威感。

妥协。妥协是双方都要做出让步的一种方式。当你与对方势均力敌，各有各的道理时，双方可以就这类复杂问题达成一个临时性的解决方案。有时候时间上不允许双方进行深入持久的讨价还价，妥协作为一种权宜之计，也是一种理想的策略。

合作。这是一种双赢的方法，你可以与对方展开坦诚的讨论，双方都积极倾听对方的不同想法，仔细商议对各方有利的大量备选解决方案，然后做出决定。当时间允许时，你要尽量寻求合作性的解决方案。

关于如何选择合适的方式应对和处理冲突，我们可以学一些经济学里的博弈理论。你越了解对方——他的利益诉求、他的致命弱点、他的把柄、他的人格、他背后的资源和筹码，你越能驾驭冲突，这些信息会提高你妥善解决冲突的概率。在这里，我要重申一下的是，你是校长同时也是学校的行政长官和“政治家”，政治智慧会帮助你获得更大的成功。

3. 优先处理冲突的情绪问题

凡是冲突都伴随着不良情绪，而且冲突一开始就是情绪化的。孩子在你们学校受到严重伤害，家长能不带着情绪找你理论？因此，你可以尝试通过以下三个步骤，来缓解双方的不良情绪。

第一步，尊敬对方。在激烈的冲突中，你要避免说出无礼的言语，一些侮辱性的言语可能会给对方造成永远无法愈合的伤痕，从而断绝通过谈判解决问题的一切可能。如果你在气头上说出了不恭敬的话，一定要道歉并解释你刚才是失去了理智，那些话并不是出于你的本意。

第二步，重申他人的需要。你一定要倾听，并把对方提出的要求记录下来，重复给对方听，这会让对方感到你是很有诚意的。你的任务是理解对方，虽然不一定要同意对方。你对对方的理解很重要，这会赢得对方的好感。

第三步，简要陈述你的观点、需求和感受。在表明对对方的尊敬和理解对方的感受及观点之后，该轮到你阐明立场了。你在阐述的时候一定要言简意赅，千万不能话匣子打开后一发不可收拾，这会让对方心烦意乱，不良情绪死灰复燃。

4. 做好日常的功课以提高自己的应对能力

冲突毕竟是令人烦恼的，看来校长要在平时下点儿功夫，这样你才有能力避免冲突，或者防止冲突的扩大化。

第一项功课是多揣摩别人是如何解决冲突的。街头吵架之类的冲突也不妨观察一下，这会让你获得更多的间接经验。在处理冲突方面，经验比知识更重要。

第二项功课是保持良好的人际关系。平时不要轻易得罪人，不要养成话中带话的习惯，说话不要过于尖刻，一些冲突是对你平时“刻薄”

待人的报应。你良好的口碑会让引发冲突的人从一开始就处于不利地位。

你在学校里要有几个铁杆朋友，平时要经常浇灌友谊之花，这样当你处境不利时，你不至于落魄到没有人为你挺身而出的地步，否则就太悲催了。与在“公检法”部门工作的朋友保持良好关系也很重要，有些你预想不到的冲突往往需要得到他们的指点和帮助。

第三项功课是要保持信息畅通，信息的下行和上行都要畅通。如果你在学校里成了个孤家寡人，对冲突缺乏预见性，这往往会让你非常被动。

以上我谈的都是面对校内冲突的策略和方法。学校里经常会发生一些冲突，尤其是与家长的冲突，这些冲突往往需要通过谈判来解决。那么，谈判时我们要注意些什么呢？请看接下来的建议。

第三十八条

运用谈判技术，保护学校利益

在学校对外关系中，如何与家长相处成了一个棘手问题。家长不再把学校看作高高在上的“衙门”，他们的权利意识已经开始觉醒；而学校又被要求“办人民满意的教育”，一些地方甚至将家长对学校的满意程度纳入了学校考核指标。因此，家长对学校提出了越来越多和越来越高的要求，有些要求是合理的，学校可以办到，而且对改进学校工作是有益的，而有些要求却是无理的或者学校根本做不到的。因为学校在有些方面无法满足家长的需要，“人民群众”就不满意了，冲突自然就会发生。

与家长的冲突和博弈中最棘手的就是伤害事故处理了，因伤害事故而引起的人身伤害赔偿案件逐年增多，处理不好，很容易成为社会热点问题。一些校长不由得感叹：“现在的孩子怎么这么不禁摔？”

按理说，发生伤害事故，按法律办就行了。在伤害案件中，学校到底应不应当承担责任，应当承担什么样的责任，为什么要承担责任，法律上说得清清楚楚、明明白白，没有什么可以讨论的，与家长的冲突和博弈从何谈起呢？可实际上却不是这么简单的。

所谓“学生伤害事故”，是指在学校实施的教育教学活动或学校组织的校外活动中，以及在学校负有管理责任的校舍、场地、其他教育教学设施、生活设施内发生的，造成在校学生人身权受到损害，导致其受伤、残疾或者死亡的人身伤害事故。判定事故是否为学生伤害事故，关键是看事故是否发生在学校组织的教育教学活动中或者学校负有管理责任的范围之内。

这个概念中有五个要件：一是受害方或加害方应该是学生；二是须有伤害结果发生；三是伤害事故结果的发生与学校疏于教育、管理和保护的行为有因果关系；四是学校主观方面存在故意或过失；五是从时间和地点上看，伤害行为或者结果必须有一项发生在学校对学生负有教育、管理、指导、保护等职责的期间和地域范围。案件发生后，只要对照一下这五项，就可大致判定学校是否有责，以及负有多大的责。

事件发生后，即使学校并无过错，也有些家长以“主张自己的权益”为名，开始每天到学校闹事，搅得校方不得安宁，他们往往提出学校无法承受的“天价”赔偿。而当地政府为了“维稳”，常常给予这些家长“法外”补偿以求尽快息事宁人。此例一开，在无形间鼓励了家长“闹事”，似乎谁闹得凶谁就可以占上风，获得更多的赔偿。

我国《民法通则》和《最高人民法院〈关于审理人身损害赔偿案件适用法律若干问题的解释〉》都明确了学校承担民事责任的前提是学校有过错，如果学校没有过错，则不能要求其承担民事责任。按理说绝不能出于个人的感情扩大法律适用的规则，但事实上有些时候却不是这么“按理说”的。

有人认为在学生伤害事故中，学生处于弱者的地位，从均衡利益的角度考虑，学校即使没有过错也应当承担一定的公平责任。而在实际中，学校作为一个“非营利性”的社会公益机构，它也是“弱势”的。一般中小学校中能够自由支配的资金是极其有限的。

家长们可能会认为学校反正是国家办的，国家有钱。可如果校长也认为，反正政府会出钱，从而自动放弃与家长的谈判过程，我认为这似乎不符合校长作为学校法人代表的身份。一场捍卫学校利益的博弈理应好好展开。

以下是关于与家长谈判的若干建议，供大家参考。

第一条建议：摸清对方的利益目标。对方的需要是什么？什么需要是必须满足他的？在开始谈判前，要充分估计对方的来历、家庭经济条件和社会背景，尤其是对方目前的生存处境，这些重要的信息一定要摸清。

第二条建议：让谈判有一个好的开端。伤害事故的发生，家长遭受的痛苦要大于学校，对此你要非常理解。在谈判开始之前，你要真诚地对家长表示慰问；要了解那个孩子的表现，夸耀孩子的优点和进步，充分表露出你和教师对伤害事故的痛惜之情。你切不可超然事外，切不可一开始就就事论事、讨价还价。建立和谐的关系和寻找共同的利益，这是谈判获得成功的重要的感情基础。

你要尽可能地寻找与家长的共同点，比如你也有个男孩儿，他也经常惹事闯祸，你们两家的孩子年龄差不多之类的共同点；或者你与家长一样曾经插队落户遭受过磨难。你尽量去寻找那些发生在你或你家庭身上的“悲剧性”事件，让家长感觉到你是个富有同情心的人，而不是一个“谈判机器”。

第三条建议：提出具体谈判步骤。要把谈判看作一场比赛，在比赛前总要制定共同遵守的游戏规则。要告诉对方为了尽快达成一致意见，我们应该第一步谈什么，第二步谈什么，第三步谈什么，你要设法掌握谈判的主动权，你所提出的谈判程序如果没有达成一致，就不要贸然展开任何谈判。为掌握主动权，由校方而不是由对方提出游戏规则，这是必需的。如果确信学校不存在过错，形势对你有利，你就更要率先提出谈判程序。

第四条建议：把注意力放在问题上，而不是对方的人格上。无论对方多么不讲道理，无论对方多么野蛮和粗俗，你都要把他当作一个通情理、懂法律、有道德的人，你要千方百计地、不厌其烦地引导对方把精力集中在谈判的问题上，而不是谩骂你、威胁你。你的神情、言谈中只要有一点点儿反感对方的细微表现，都会加剧对方的非理性行为。对方对你的态度会非常敏感，如果对方感觉自己受到了威胁，他们便会集中精力于维护他们的自尊，而不是解决问题。

对方是带着对赔偿的高预期来的，一开始他就想镇住你：他的孩子受了伤害，这使他占有天然的谈判优势，所以他要以势压人给你一个下马威，对此你要有充分的准备。

在谈判时，你要有充分的耐心，越是在谈判陷入僵局的时候，就越要控制自己的情绪，提防你恶劣的情绪转化为粗口。如果处于谈判的劣势，你更要谦和，只有谦和才能将劣势转化为胜势。总之，无论何时，你都不要把自己拖入敌对的情绪中去。

第五条建议：你要坚持使用法律标准。要将你的谈判过程建立在法律原则的基础上，你要不断地重申，学生伤害事故的五个法律要件中的两个：伤害事故的发生与学校疏于教育、管理和保护的行为之间到底有没有构成因果关系？学校是不是主观上存在故意或过失？如果对方不让你有说话的机会，那你就耐心听下去；如果对方让你表态，你就强调上述两个要件。你用不着说别的废话，反复强调这两个要件就可以了。你把反复讲这些法律问题当作“普法宣传”就可以了，普法也确实是需要不厌其烦、谆谆教诲的。

当家长粗暴地打断你，甚至说出“法律算什么”之类的话时，你千万不要反驳，你应该提议是不是该结束今天的谈判，因为既然对方表明可以无视法律，那么双方继续谈判下去的基础也就不存在了，你就可以转身离开了。不用担心，这会把他重新拉到谈判桌上的。

第六条建议：别太在意双方最初的提议，要强调双赢的解决方案。对方最初会“狮子大开口”，提出很高的要求，你也会提出很低的赔偿额度，甚至你会因为学校不存在任何过错而拒绝赔付，但这只是谈判的开始，这些最初的提议总是非常极端和理想化的，仅此而已。

你不断地强调法律条款，是为了说明校方不存在法律责任或法律责任有限，你一定要守住这一条。而你在之后的补偿款方面的加码，要把它解释为法律责任之外的“道义责任”，而学校承担某些“道义责任”并不是一种义务，而是考虑到了对方的利益和处境。

不要对对方最初提出的要求表现出不屑一顾，也不要驳斥说对方的要求是无理的，你要对对方的要求表示理解。你要做的只是强调你的额度以及这个额度的依据就行。那些技艺高超的谈判者，总是通过倾听和提问，而不是反驳来取得谈判胜利的。

第七条建议：要接受第三方的调解。如果双方的提议差距太大，一定要有第三方介入调停。第三方扮演两个角色：一是调停人，二是安慰者。调停人不可以代表一方，他的任务是听取双方的争辩并且提出一个解决方案；安慰者扮演一个沟通导向的角色，在双方之间传递信息、解释信息并澄清误解。我认为，让家长代表担任第三方是最合适的，具体人选可以是家长委员会中懂法律的成员，也可以是家长中的司法工作者。

正如我在前文所言，虽然冲突会给校长平添烦恼，但是对冲突处理得当的话，校长个人的声誉会大幅度提高；有时候校长正需要一些冲突作为大力推进改革的由头。

从来不发生冲突的学校也许存在更多的隐患，因此，一个高明的校长甚至会制造“冲突”，发出一些模糊的信息来说明学校可能存在的危险，这会增强学校的免疫能力。

最了不起的校长是解决问题的校长，哪怕一些麻烦和问题本来就是你制造的。下一条建议我将与大家探讨如何解决问题。

| 第三十九条 |

创造性解决问题

校长们要感谢问题的存在。如果没有问题，学校事事如意，那何必要你这个校长呢？你的个人价值又体现在哪里呢？

我认为，学校发展的动力恰恰来自问题，办学思路来自问题，发展战略的选择也应基于本校所存在的问题。虽然有些问题的根子不在本校，但很多问题可以在本校找到解决之道；有些学校已经被太多的问题所淹没，每天疲于应付，到头来渐渐地对问题不再抱有敏感性；还有一些学校根本不能正视问题，对一些积重难返的问题缺乏解决的勇气。所以没有问题的解决就不会有学校的发展。

校长应该成为学校里对问题最敏感，也最能解决问题的那个人，校长的工作主要就是发现问题并妥善解决，校长的专业能力也主要表现在能创造性解决问题。校长的成功就在于一旦发现问题能做出明智的决断。

我想要强调一下的是，校长不要惧怕问题、回避问题，而要主动发现问题、查找问题，因为如果被问题牵着走你会非常被动，而被动地接受问题的话，你的工作会越来越被动。每天上班，你不知道会有哪些问题正在等着你，这样的日子简直可以用“度日如年”来形容。因此，校长们要学会主动出击，主动发现问题甚至没有问题“制造”问题，使自己成为问题的主人。

什么是问题？问题大概就是理想和现实之间的差异，或者是标准和实际之间的距离。你和学校没有理想，就没有问题；或者你和学校的实际已经非常美妙，那也没有问题，但这似乎不太可能。

我把学校的问题分为三个层面，“事业上的问题”“管理上的问题”

和“操作上的问题”。所谓“事业上的问题”，主要是指缺乏资金、没有设施设备、人才不足及生源下降等与学校运作所需资源有关的问题。所谓“管理上的问题”，主要是指无计划、制度不健全、信息交流差及教育教学效率低等与管理有关的问题。所谓“操作上的问题”，主要是指差错率高、损坏严重、操作方式不正确等教育教学业务方面的问题。

什么是发现问题？发现问题就是发现那些“事业上的问题”“管理上的问题”和“操作上的问题”，查找在这些层面上理想和现实之间的差异到底有多大，标准与实际之间的距离有多远。当你发现实际情形与需要、期望和标准不符的时候，问题就被你抓在手里了。

什么是解决问题？解决问题就是消除现实与理想之间、实际与标准之间的差异和距离的过程。这个过程的第一步是承认问题的存在；第二步是详细说明和分析问题；第三步是选择最优的解决方案，即所谓决策；最后，需要执行解决方案。下面我把这些步骤做一个讲解。

第一步，发现问题，确定问题的存在。作为管理者，你日常的内部管理职责中有一项叫作“监管”，监管下属和教职员工最近的表现，检查他们工作完成的情况以及是否发生了偏离。我们要对以下情况非常敏感：以前都是这么做的，可现在他们却那样做，其中有什么问题吗？计划上写着这么做，可他们却那么做，其中有什么问题吗？家长、学生和教研员等人员向我反映了某些异样的情况，其中有什么问题吗？别的学校在某些事情上做得比我们好，其中有什么问题吗？

怕就怕你对存在的问题不敏感，你的眼睛不够“挑剔”。有些管理者之所以不太能发现问题，往往是因为他们本来对自己要求也不高，于是对显而易见的问题视而不见。我的一个下属在当班主任的时候班级环境卫生非常糟糕，怎么提醒他也没有用。后来因某种原因，他当上了教导主任，他对他下属的几乎所有工作也都不提什么要求，连教师课前不备课这样严重的问题他都能视而不见，认为没什么了不起的。后来因为非正常的原因他竟然当上了校长，结果那所有六十多年历史的学校就葬送在他手里了。

还有一些校长和管理者不愿正视那些消极因素的存在。他们不愿意得罪教师，在他们看来学校不是他们的。他们认为：“现在社会环境那么差，有多少人在努力工作？我管那么多事干什么？”

如果对问题不敏感或得过且过，你也就不会有什么解决问题的信心和决心。有时候，你自己很有信心和决心去发现问题、解决问题，可是你的下属不这么认为，他们对问题不敏感或得过且过。我认为校长有责任告诉下属们，要把发现问题看作一个管理者责任感的体现，要把解决问题看作自己学习和成长的经历。

第二步，说明和分析问题。说明问题主要就是对所发现的问题进行分类。分类是说明一切问题的必选方法。下面介绍几种对问题的分类方法：

一种分类方法是把问题分为“常规”问题和“非常规”问题。

“常规”问题是日常出现的那些问题。一般而言，常规工作都有规范和标准可循，这些问题是可以通过加强常规管理来解决的。从根本上解决“常规问题”的方法主要是事先采取预防措施，如果预防措施到位就不会发生“低级错误”。

“非常规”问题是那些我们不能预期的问题，因为每一个“非常规问题”都是独特的，这就需要我们创造新的方法来解决。比如遇到“甲流”问题，我们就必须有针对性地制定新的方案；比如高考政策发生了变化，在“推荐优秀学生”问题上我们要寻找应对的策略。这是因为学校在“甲流”和“推荐优秀学生”问题上缺乏经验。一些教师因为绩效工资改革而工作积极性下降，这也是当前需要用新方法才能解决的一个问题。

另一种分类方法是把问题分为“发生型”问题、“设定型”问题和“未来型”问题。

“发生型”问题是指当前确实存在的，而且是具体可感的问题，比如，课堂秩序混乱、教师消极怠工、学生厌学、升学率低、家长举报投诉频繁等。遇到这种情况，校长应当迅速采取应急措施以应对当前的局面。

“设定型”问题是指现在虽然还未发生，若提高认识标准就会发现的问题，比如，“与一流学校相比我们的差距甚远”“怎样满足较挑剔的学生家长的要求”“如何才能实现素质教育”“如何更好地促进教师发展”等。校长应当尽快明确解决问题的具体事项和程序表。

“未来型”问题是指现在虽然尚未发生，但是预计日后可能会出现并被发现的问题。它是随着时间的推移作为结果而出现的潜在性问题，比如“骨干教师正在老龄化怎么办”“区域内生源正在减少应如何应对”“教育经费可能因绩效工资改革反而减少怎么办”等。

如果不能明确地定义这些问题，任何试图解决它的尝试都是注定要失败的。

在将问题说明清楚之后，我们就要对这些问题的成因进行分析了。分析的目的是确定问题的根源，从而更好地寻找解决问题的策略。任何不明就里的问题都是无法真正获得解决的。比方说你皮肤瘙痒，你到医院寻求医生的帮助，医生要评定你属于哪一种瘙痒，而后评定你属于皮肤过敏，然后根据你提供的大量信息分析出你的过敏源是那株新送来的兰花。医生接着做出某种“假定”，假定你把兰花从卧室搬走，你的过敏就会消除。如果你把兰花从卧室搬走以后，你的皮肤瘙痒问题依然没有得到解决，那么医生所做的这个假定就是错误的，我们还要接着去做出新的假定。

再比如，“学生为什么会厌学”，在详细说明“厌学”是个什么问题之后，就要分析学生为什么厌学，找到厌学背后的成因，可能是因为学习难度太大，可能是因为趣味性不够。接着我们就做出假定：假定教师在教学中降低难度，假定教师的课堂教学变得更有趣，是否就会消除学生厌学？

第三步是制定解决方案。在你做出了多种假定之后，若干解决问题的方案就产生了。那如何从诸多解决方案中做出理性选择呢?

能有效解决问题的方案必须符合以下条件:具体的、可实现的、互补的和符合道德的,而且对于那些方案的关系人来说是可接受的。

备选方案不能含糊其辞,这叫作“具体的”;你的时间、资源和专业知识必须是充分的,备选方案在现有条件下是可以实现的,这叫作“可实现的”;备选方案不能为了解决这个问题而妨碍其他问题的解决,这叫作“互补的”;备选方案应该合法、公平和尊重人的权利,你的方案是“阳谋”而不是“阴谋”,这叫作“符合道德的”。

此外,备选方案应该是能被执行人所接受的,如果你精心炮制的美妙方案却得不到相关的干部和教师认同,它也是无效的。如果涉及方案的各方都不能接受,那么即使是最专业的决策也是不可行的。比如说,你坚信只要加班加点,今年高三一定会在升学率上有所突破,可教师们不愿意加班,他们更愿意去搞有偿家教,他们不接受你的方案,你的决策就不会转化为他们的行为。于是,似乎你该从解决家教问题着手了。

在这里我要强调一下,根本不存在完美无缺的解决方案,你的方案的成功概率和负面结果是高度相关的。如果一个备选方案失败的概率很高并且相关成本很大,那就选择放弃。并且,对任何方案你都应该努力将对任何人可能产生的任何负面影响降到最低。

那如何才能拿出有效的解决方案呢?我想,让相关人员参与是必需的,在解决问题方面,一定是“三个臭皮匠,抵个诸葛亮”的。研究表明,决策参与程度决定了决策的有效性,只有面对那些突发的事件,专制的决策可能更有用。

校长要善于将那些需要创造性解决的问题交给干部或教师团队去共同决策。团队决策要比个人决策费时间,但团队决策通常更具创新性,并且团队参与可以提高对决策结果的支持率,尤其是对于那些需要成员去执行的决策。

比较有效的团队决策方式主要包括“头脑风暴法”“名义群体

法”“德尔菲法”等，这些方法在此不赘述了。

最后一步是执行行动计划。解决问题的方案如果不能有效地实施，那么原来的那个问题依然存在着，于是积重难返，学校就谈不上发展了。那如何把决策与现实连接起来呢？我想，你只要明确地分派和安排任务，并且排出执行进度表，平时做一些必要的监控和激励就可以了。

激励下属执行方案并彻底解决问题是校长们必须去努力的，下一条建议我们就谈谈激励。

第四十条

灵活运用多种激励手段

每个人都需要激励，即使你当上了校长，也需要得到你的领导的激励。当一个人在遇到艰难险阻的时候，他就更需要来自外部的力量，去支持他渡过难关。如果教育局领导善于激励你，那么你在校长岗位上就会比较安心，你的智慧和才能会得到更大的发挥，你工作时的心情也会很舒畅。同样，你的下属们也在巴望着你对他们的激励。

之前我们探讨过，校长是要解决问题的。校长全身心投入到问题解决之中，希望通过改革来促进学校的进一步发展，可是你的下属们却未必那么积极和乐意，他们会问“为什么把自己搞这么累”“凭什么替你卖命”之类的问题。于是，你制定的十分周详的解决问题的方案极有可能被束之高阁。这时你要反思，你有没有给予下属们工作动机。他们的安心、潜能的发挥和心情舒畅从某种程度上说正是仰赖于你的激励。

哈佛大学威廉·詹姆斯在关于员工激励的研究中发现，按时计酬的分配制度仅能让员工发挥 20%~30% 的能力，如果受到充分激励的话，员工的能力可以发挥出 80%~90%，两种情况之间 60% 的差距就是有效激励的结果。

有专家提出了激励的八大模式，供大家参考。

一是目标激励。也就是设法将学校的需求转化为教师的需求，从而使教师产生工作动机。如果教职员工们个人的需要和学校的需要保持高度一致的话，他们的积极性会更高。这在多项研究中已经得到充分的证实。因此，校长和学校管理层应该与教职员工反复沟通，在学校育人目标和办学目标方面达成共识。不过不是每个人都会将个人需求调整到与学校需求一致的方向上来的，就比如说，跟那些功利目的很强的教师谈论学校目标简直是对牛弹琴。

二是物质激励。也就是从满足人的物质需要出发，对物质利益关系进行调节，从而激发人的向上动机并控制其行为的趋向。表面上看，工资可能是对教师最强有力且最直接的激励。可事实上并不是这样的，研究发现，薪酬方面的激励，对女教师和老教师效果并不显著，工资变化对于有着 6 年以上教学经验的女教师而言，所产生的影响没有想象中的那么大。存在一些别的因素在激励着他们，这些因素主要是那些非货币性的收益，比如良好的关系、工作稳定、比较浓郁的文化氛围等，正是这些因素让教师们感受到了激励。

我们根据教师的学历、资历来发放工资的做法可能降低整体的教师工作质量，而根据绩效发放工资可能损害教师的内在动机等。这些研究结论让我们反思，我们的一些做法虽然有良好的动机，可效果不一定如设想的那么好。

三是情感激励。既不是以物质利益为诱导，也不是以目标愿景为刺激，情感激励是强调领导者与被领导者之间的以感情联系为手段的激励方式。每一个人都需要关怀与体贴，一句亲切的问候，一番安慰的话语，都可成为激励人们行为的动力。

中国社会是一个人情社会，人们非常注重交情和面子。遇到办不下来的事，我们经常会对教师说，“看在我的面子上吧”，这就暗示了教师必须十分看重我们平时的交情，言下之意就是：平时我对你不薄，你要适当回报一下。

要想用情感激励教师的话，你就要了解、预见甚至控制人的情感。身为管理者，你先要了解学校中的每一个人都有被人重视以及渴望得到赞赏的需求。任何人都渴望引起别人的注意，不管他承认与否，他需要向人倾诉，他需要有人倾听他心中的苦闷，他有着熊熊燃烧的热望，甚至是“贪得无厌”的渴求。了解了这一条，你才会从内心深处为你的员工感到骄傲，你也才会毫不吝惜自己的赞美。

运用情感激励时要注意情感的两重性：你对某人的情感激励可能引发另外一个人的消极情感，你重视了这个人可能会让别人感觉自己受到了冷落，而你公开赞美这个人可能会让这个人的对手或潜在对手感觉很不是滋味。而你面对的是全校教职员工，你不可能真正做到重视每个人和赞美每个人，时间和精力不允许，于是你就会被认为是一个存在偏见的校长。这就是情感激励可能带来的风险。

四是负激励。负激励就是对教师违背学校要求的非期望行为进行惩罚，以使这种行为不再发生。扣发工资是一种常用的负激励，解聘甚至开除是最极端的负激励。“杀鸡给猴看”可能是负激励背后的原理，而且负激励显然会增强正向激励的效果。但是，负激励对校长来说可能存在一定的风险，尤其是在“维稳”压倒一切的条件下，为避免冲突，你只能在十分必要的情况下选择十分含蓄的方式进行负激励。

五是差别激励。人的需求是有差别的，从最低的生理需求，到安全需求、社会需求、尊重需求和自我实现需求等，分为若干层次。由于每个员工的需求各不相同，对某个人有效的奖励措施可能对其他人就没有效果。因此，校长应当针对员工的差异对他们进行个别化的奖励。比如，有的教师希望得到更高的收入，而另一些人希望被派出去培训，还有些人希望评上职称。这就是说，激励这件事也不能一刀切。

六是公平激励。教师的工作动机和积极性不仅受自己绝对报酬的影响，而且受相对报酬的影响。研究发现，相对报酬比绝对报酬会起到更大的激励作用。教师总会把自己的贡献和报酬与一个和自己相等条件的人的贡献和报酬相比较。当这种比值相等时，他就会有公平感，就会心情舒畅，积极性高涨；反之，他就会不满，产生怨气和牢骚，甚至出现消极怠工的行为。

可是，公平在哪里？公平在人的心里。校长认为公平，教师可能认为不公平。校长认为学校干部压力很大、责任很重，理应在绩效工资分配中获益，可是有的教师认为自己在一线工作才是最辛苦的，干部不仅不应拿一分钱津贴而且应像真正的公仆那样“倒贴钱”。有的教师认为按考试分数来分配绩效工资是公平的，可教育主管部门认为教师收入不应该和考试成绩挂钩，但不和考试成绩挂钩的话，公平在哪里呢？难道那些教得很差的教师应该拿得多些？这些关于公平的问题，也需要校长们认真思索，并在校内就一些基本的公平性原则达成共识。

七是信任激励。就是校长要充分相信下属，放手让其在职权范围内独立地处理问题，使其有职有权，创造性地做好工作。

汉纳谢克对学生学业成绩的147项决定因素逐一进行研究后发现，教师在课堂上的努力程度，他们的创造性和灵活性，比那些可观测的指标对学生的学业成就所起的作用更大。这就是说，教师的职称、年龄、性别、受教育背景等可观测的因素并不是主要的因素，研究显示，学生学业成绩仅3%与可观测的教师特征指标有关。

而教师的那些不可观测因素，他们的工作态度、创造性和灵活性无一例外地与管理者的激励有关。很多时候，常规性和传统的激励措施并不能带来很好的效果，例如，绩效工资这种制度，可能会导致有些教师不再致力于创新，而是只关注绩效考核范围内的若干任务的完成。他们不再在影响学生一生的事情上尽力，也不再追求教育工作对他个人的精神意义。

为此，我们在讨论激励问题时，要十分关注工资以外的那些因素。研究显示，那些给予教师更多的自主权和管理支持的学校，教师工作的满意度更高，教师的流失率和流动率都较低，工作质量也较高。

八是心智激励。教师的潜能如果不被激励，对学校是没有什么价值的。校长需要的是下属的工作效能而不是潜能。因此，校长应有效地激发下属的潜能并使其变成效能。这方面的激励就叫作心智激励。在下一条关于教师培养的建议中我将讨论这一问题。

综合上面这八种激励模式，我认为，除物质激励外，在激励教师方面有很多很好的创意可以去实施，比如设定“感谢教师周”、给每个岗位设定感谢日、为教师定做个性化名片、出席教师家庭聚会，等等。

但更重要的是，校长要关注那些能真正持久地决定他们工作满意度的因素。一个人的工作满意度高，对工作就可能持积极的态度；相反，则可能产生消极态度。那些富有挑战性的工作、自由而宽松的工作环境意义重大，说到底，工作自主性是对教师最大的激励。

可是他们会自主吗？

如果不会，那么对教师的培养和潜能开发就很重要了。下一条建议中我们接着谈。

| 第四十一条 |

给予教师强有力的专业指导

学校发展归根结底要靠教师，谁都知道，越是工作熟练的和有能力的教师越能让学生受益。对这些教师，我们可以让他们承担更多的工作责任，让他们更自主地处理他们的事务，而无须过分担忧和控制他们工作中的每一处细节；不必担心他们的工作质量，他们自己就能解决问题，并开发他们自身的能力。面对高度胜任的教师，管理层的工作只是帮助他们，和他们一起制订学校发展规划，与他们沟通，然后对他们的工作给予激励和赞美就可以了。对于学校、校长本人及教师而言，这都是一件无比美好的事，可是，怎么才能拥有一支令人满意的教师队伍呢？

靠引进吗？靠不住，因为绝大多数学校都没有引进教师的权力，那些上面分派来的教师大多令我们失望。靠淘汰吗？不行，校长们想做也做不到。靠培养吗？靠外部的教师培训机构、师范院校来进行职后培训，看来也不太可靠。可以尝试的办法就只有立足本校，自主解决了。

好教师引进不了，不能胜任的教师淘汰不了，专业培训机构提供的培训有效性太低，人们一直在寻找促进教师专业发展的模式和方法，最终归结为以下六种方式，供大家参考。

第一种方式是让他们在实践中自我成长。为了让教师能够独立、高效地完成工作，把他放到工作岗位上让其自由成长，或者说“自生自灭”，由他自己去摸索吧，总有些非常出色的顶尖高手会自动冒出来。确实，对教师这个行当来说，获得大量的实践机会是成长的必由之路。有时候刻意培养的还不如在一个相对宽松的环境中成长起来的优秀。你看那些名牌教师和校长，有几个是“温室”里有计划地培养出来的呢？

真正培养他们的是真实而严峻的工作环境。总体来说，教师们不缺理论和基本知识，他们甚至不缺先进理念，他们最需要的是在实践中去探索和积累经验。

那些成名成家的教师，他们每个人的成长史都是独特的，几乎没有什么规律可循。既然那些了不起的教师，他们的成长没有什么规律可循，那何不少费点儿心思少花点儿成本？就让教师们自由成长吧。你倾注大量心血去按计划精心培养一个人，结果他可能对你的培养产生依赖，而且为培养一个人而耗去太多的资源，可能会引起周围其他人的嫉妒和不满，反而会抑制其他富有潜力的教师们的发展。

因此，让你的教师独立、有效地处理自己的问题和执行工作任务，是一种符合实际的做法。在这个过程中，为了使他们少走弯路，我们可以在关键时候给予他们有力的指导，比如在开公开课的时候、考试成绩很不理想的时候或者班级纪律很糟而教师摆不平的时候。我想他们会感激你的，他们感激你让他们自由自在地工作，也感激在他们需要帮助的时候从你那里获得了宝贵的支持。

第二种方式是适时给予指导，尤其是在绩效不理想的情况下。给予他人指导不同于一般的指令，它不是要管理者直接告诉教师们该怎么做，而是帮助他们进行自我反思，反思为什么业绩不理想。

比如说，学生的学业成绩不理想，其背后的原因一定是多种多样的，一些原因在教师的可控范围之内，而一些则超出了他们的控制范围。发现某教师业绩不理想，你和其他管理者要询问他以下问题，以确定应该给予他何种帮助：

一问：“你有没有意识到你的成绩不能令人满意？”

如果对方的回答是“很好啊！我没有感觉到哪里有问题”，那么我们应该向他提供他的工作业绩方面的反馈信息：问题到底出在哪里，哪些事实和数据反映出了他的问题。同时，我们还得自我反思一下，为什么我们之前竟然没有及时给教师提供他的工作业绩方面的反馈信息？我们的质量管理是否有值得改进之处?

二问:“你的成绩不能令人满意，是因为你不清楚学校对你的工作业绩方面的期望吗?”

如果他回答“不知道啊，好像历来如此啊”，那么，我们又要自我反思了：为什么本校教师竟然不知道学校的工作目标?为什么学校的工作目标不能转化为他的工作目标?也许在今后的管理中，应该将提供清晰的预期业绩表现（目标）作为管理改进的重点。

三问:“你的业绩不能令人满意，是否因为工作中存在难以控制的障碍?你有什么困难吗?”

如果他回答“是的，这些学生太差了，他们一点儿也不爱学习，太不自觉了，我简直没法教”，我们可能要接着询问，学生们差的具体表现，要尽量问细节，哪些孩子差，差在哪里，以及他们的名字。

四问:“在这种情况下，你是否尽了努力?”

如果他回答“是的，我很努力。我没日没夜地工作，批作业本批到眼睛都发红了，连休息日都在帮他们义务补课”，那么，我们此时应该向他表示由衷的感谢和敬意。

五问:“你知道这些学生不喜欢学习的根源在哪里吗?”

如果他不能说得很清楚，我们应该帮助他寻找原因，是学习环境问题、孩子自身的问题，还是我们教的问题。

六问:“一个学生学习成绩不佳，除了环境问题和教师教的问题之外，学生个体的支持系统、动力系统、调控系统一定出问题了，那你能否评定你教的学生中到底哪个或哪些系统出了问题?出问题的学生在全体学生中占多大比例?”

如果他回答“不知道”，那你要提醒他去了解。如果他知道，你要告诉他针对三个系统的问题分别有哪些策略可以帮助学生改进。到了这个环节，你和其他管理者就是在有针对性地提供指导或培训了。

七问:“如果你教的班级学业成绩非常突出，你是不是会感觉有压力？”

如果他回答“是的”，那么你要意识到这名教师所在年级组的合作环境不够理想，我们可能要适度干预一下，以帮助教师缓解那些因业绩突出而遭受的压力。

我相信，如果你按照上面的步骤，针对教师工作中的问题给予指导和帮助，其有效性将远远超过请十个专家来讲课。

当我们面对面地指导、忠告或教导教师时，我们不能使用带有质问和指责的语气，而要显示对他的无条件的积极的关心。无论他的背景如何，无论他给你的印象多么糟糕，你都要把他看成是绝对有自尊的人，让他感觉你是真心实意地在帮助他。

第三种方式是委托授权。就是把工作任务和相应的管理职权都直接下放给某教师，由他决定如何完成此项工作而不必请示汇报。委托授权在一部分教师身上效果会出乎意料地好，因为通过委托授权，你其实在帮助教师增长知识、经验和提高工作能力，也为他将来晋升做好准备。

不过，委托授权的时候，你应该估计到他们可能会出现的失误，并准备好，如果出现问题，则完全由你来承担后果。失误是一种最好的学习机会，你大度地把这样的机会给教师们，相信他们会非常珍惜的。

第四种方式是向教师提供有意义的反馈信息。所谓反馈是向教师提供他的行为及行为后果等方面的信息。有效的反馈可以促进教师改善绩效，促进他们的专业发展。你的反馈，其实是在向教师传达你的工作要求和标准，反馈不仅表示管理层认可了他们的工作成绩，激励他们朝着更高的目标而努力，同时还能让那些目标和工作标准缺失的教师重新设置自己的目标与标准。

第五种方式是给予某种忠告。如果你在指导某教师，你针对的是教师的能力；而你忠告某教师，你针对的就是教师的个人品行问题。当有教师存在态度、情感、赌博或家庭问题时，我们就要对他进行忠告。

不过，无论是指导还是忠告，本质上都是询问、倾听和理解教师，目的是帮助他们改进工作并使他们更好地发展。如果说，指导要靠你的知识和理性，那么忠告就要通过情感来解决问题了。

一般来说，当涉及个人品行问题时，教师会向你诉苦和诉说委屈，并且会寻求你的帮助以解决困扰。最好在两个人面对面的时候才与对方谈及个人品行问题，在一个私密的安全的场所，你才能让他意识到问题的存在，然后以朋友和劝导者的口吻提醒他注意自己的身份，并提请他充分考虑可能由品行问题而引发的严重后果。

我们一般不必直接告诉他们该如何处理困扰他们的问题，有时候仅仅是一次简单的谈话，就可以释放他们的紧张情绪，足以净化他们的思想。你要给他们讲一些你身边的故事，将每一个忠告都变成一种善意的暗示。

第六种方式是配备导师。几乎所有的学校都会给青年教师和重点培养对象配备导师，校长郑重其事地将资深教师与潜力教师配成一对，这对导师和教师都是一种很好的激励。

我们期望中的导师，不仅会给予徒弟业务上的指导，而且还会给予他们情感上的支持和鼓励。因此，导师就会成为徒弟永远的教练和辅导员。

导师教导徒弟的方式是非正式的启导，也是随机进行的，这种方式非常灵活，而且比一般的系统培训更加有效。但是，如果在岗位安排方面，导师和徒弟处于竞争关系，这会使导师倾向于保守，也会影响启导的效果。

其他一些培养教师的方式，比如常用的听专家报告的方式，以及近来比较时髦的校本研修和发展性评价，因为前者已经被证明无效而后者未被证明有效，秉着对大家负责的态度，我不做建议。

校长们，我的这些建议说完了，但愿对你们有用，也祝愿你们工作顺利！

图书在版编目（CIP）数据

给校长的建议/郑杰著. —修订本. —北京：中国人民大学出版社，2017.9
ISBN 978-7-300-24724-3

Ⅰ.①给… Ⅱ.①郑… Ⅲ.①校长—学校管理
Ⅳ.①G471.2

中国版本图书馆CIP数据核字（2017）第173982号

给校长的建议（修订版）
郑杰 著
Gei Xiaozhang de Jianyi (Xiu Ding Ban)

出版发行	中国人民大学出版社		
社　址	北京中关村大街31号	**邮政编码**	100080
电　话	010－62511242（总编室）		010－62511770（质管部）
	010－82501766（邮购部）		010－62514148（门市部）
	010－62515195（发行公司）		010－62515275（盗版举报）
网　址	http://www.crup.com.cn		
经　销	新华书店		
印　刷	北京华宇信诺印刷有限公司		
规　格	168 mm × 239 mm　16开本	**版　次**	2017年9月第1版
印　张	14　插页1	**印　次**	2022年7月第5次印刷
字　数	185 000	**定　价**	39.80元